정보봉사 개론

기출문제 정복하기

KB158833

9급 공무원 사서직

정보봉사개론 기출문제 정복하기

초판 인쇄   2022년 1월 5일
초판 발행   2022년 1월 7일

편 저 자 | 공무원시험연구소
발 행 처 | ㈜서원각
등록번호 | 1999-1A-107호
주   소 | 경기도 고양시 일산서구 덕산로 88-45(가좌동)
교재주문 | 031-923-2051
팩   스 | 031-923-3815
교재문의 | 카카오톡 플러스 친구[서원각]
영상문의 | 070-4233-2505
홈페이지 | www.goseowon.com
책임편집 | 정유진
디 자 인 | 이규희

모든 시험에 앞서 가장 중요한 것은 출제되었던 문제를 풀어봄으로써 그 시험의 유형 및 출제 경향난도 등을 파악하는 데에 있다. 이를 통해 반복적으로 강조되어 온 이론이나 내용을 확인하고 응용되는 문제 유형을 파악하여 보다 효율적으로 학습할 수 있다. 즉, 최단시간 내 최대의 학습효과를 거두기 위해서는 기출문제의 분석이 무엇보다도 중요하다는 것이다.

정보봉사개론은 정보봉사론과 정보검색론, 디지털 도서관론과 같은 광범위한 내용을 학습해야 하는 과목이다. 암기형 문제와 더불어 다양한 자료를 분석해야 하는 문제도 함께 출제되기 때문에 각 영역의 출제 경향을 파악하고 학습해야 한다.

9급 공무원 사서직 정보봉사개론 과목 기출문제집은 이를 주지하고 그동안 시행되어온 지방직, 서울시 기출문제를 연도별로 수록하여 수험생들에게 매년 다양하게 변화하고 있는 출제 경향에 적응하여 단기간에 최대의 학습효과를 거둘 수 있도록 하였다.

9급 공무원 시험의 경쟁률이 해마다 점점 더 치열해지고 있다. 이럴 때일수록 기본적인 내용에 대한 탄탄한 학습이 빛을 발한다. 수험생 모두가 자신을 믿고 본서와 함께 끝까지 노력하여 합격의 결실을 맺기를 희망한다.

1%의 행운을 잡기 위한 99%의 노력! 본서가 수험생 여러분의 행운이 되어 합격을 향한 노력에 힘을 보탤 수 있기를 바란다.

Structure

● 기출문제 학습비법

step 01
실제 출제된 기출문제를 풀어보며 시험 유형과 출제 패턴을 파악해 보자! 스톱워치를 활용하여 풀이 시간을 체크해 보는 것도 좋다.

step 02
정답을 맞힌 문제라도 꼼꼼한 해설을 통해 기초부터 심화 단계까지 다시 한 번 학습 내용을 확인해 보자!

step 03
오답분석을 통해 내가 취약한 부분을 파악하자. 직접 작성한 오답노트는 시험 전 큰 자산이 될 것이다.

step 04
합격의 비결은 반복학습에 있다. 집중하여 반복하다보면 어느 순간 모든 문제들이 내 것이 되어 있을 것이다.

● 본서의 특징 및 구성

기출문제분석
최신 기출문제를 비롯하여 그동안 시행된 기출문제를 수록하여 출제경향을 파악할 수 있도록 하였습니다. 기출문제를 풀어봄으로써 실전에 보다 철저하게 대비할 수 있습니다.

상세한 해설
매 문제 상세한 해설을 달아 문제풀이만으로도 학습이 가능하도록 하였습니다. 문제풀이와 함께 이론정리를 함으로써 완벽하게 학습할 수 있습니다.

Contents

기출문제

Success is the ability to go from one failure
to another with no loss of enthusiasm.

Sir Winston Churchill

공무원 시험
기출문제

정보봉사
개론

1 로스타인(S. Rothstein)이 주장한 참고봉사의 특징으로 가장 적절한 것은?

① 참고사서가 이용자의 질문에 답을 제공하는 것이다.
② 참고봉사는 정보제공, 안내 그리고 교육 등으로 이루어진다.
③ 참고사서와 이용자 사이의 면담을 통해 해답을 찾기 위한 상호작용이다.
④ 참고사서가 정보를 얻고자하는 개개의 독자에게 제공하는 인적 협조이다.

2 자동색인기법에 대한 설명으로 옳지 않은 것은?

① Luhn이 제안한 통계적 기법은 자동색인의 효시가 되었다.
② 색인어 선정 시 통계적 기법은 단어의 출현빈도를 기준으로 한다.
③ Luhn은 문헌 내 중간빈도로 나타나는 단어가 색인대상에 가장 적합함을 주장하였다.
④ 통계적 기법으로 역문헌빈도는 많은 수의 문헌에 출현한 단어에 높은 중요도를 부여하는 것이다.

3 Lotka의 법칙과 가장 관련이 깊은 것은?

① 문헌의 수명감소
② 단어의 출현빈도
③ 핵심잡지군의 결정
④ 저자의 학술논문 생산성

4 테일러(R. Taylor)는 질문형성 단계를 다음과 같이 4가지 단계로 구분하였다. 이용자가 참고면담서비스를 통해 선정된 데이터베이스에 스스로 탐색어(통제어휘 혹은 자연어)를 입력하는 단계는?

> ㉠ 내면의 요구 단계(Visceral need)
> ㉡ 공식화된 요구 단계(Formalized need)
> ㉢ 협상된 요구 단계(Compromised need)
> ㉣ 의식된 요구 단계(Conscious need)

① ㉠   ② ㉡

③ ㉢   ④ ㉣

---

1 ④ 로스타인은 실무적 성격의 참고업무에 대해 정보를 구하는 개개의 독자에게 사서가 제공하는 인적 협조를 참고봉사라고 보았다.
　①은 카츠가 주장한 참고봉사의 특징이다.

2 ④ 역문헌빈도 기법은 문헌 집단에서 출현빈도가 낮을수록 색인어의 중요도가 높다는 가정에 근거하고 있다.

3 Lotka의 법칙(저자 생산성 법칙)
　㉠ 계량서지학의 중요한 법칙
　㉡ 확실하게 정의된 주제분야에서 일정기간 동안에 다수의 논문을 출판하는 저자의 수는 극히 소수이지만, 이들이 생산하는 논문의 수는 그 분야의 출판물 중 상대적으로 높은 비율을 차지하는 현상
　㉢ n개의 논문을 생산해 내는 저자들의 수는 1편의 논문을 쓰는 저자들의 약 $1/n^2$이며 한 편의 논문을 생산하는 저자는 전체 저자의 약 60%를 차지

4 테일러의 질문형성 단계
　㉠ 내면적 요구 : 피상적 욕구 단계
　㉡ 의식적 요구 : 머릿속에 의식하는 단계
　㉢ 표현된 요구 : 참고사서에게 공식적 진술가능한 질문 내용이 잘 정리된 단계 → 공식화된 요구
　㉣ 표현된 질문 : 정보탐색을 할 수 있도록 이용자 스스로 수정하거나 범위를 축소한 상태 → 협상된 요구

정답 및 해설 1.④ 2.④ 3.④ 4.③

5 특정적인 자료에서 포괄적인 자료로 탐색의 범위를 점차 넓혀가는 방법에 해당하지 않는 것은?

① Citation Processing

② Most−Specific Facet−First

③ Citation Pearl Growing

④ Successive Fractions Approach

6 다음의 가상검색결과를 참조하여 질문지향적 평가방법에 의한 평균정확률[%]과 평균재현율 [%]은?

질문	적합문헌총수	검색기준치	
		검색문헌총수	검색된 적합문헌수
질문 1	10	4	2
질문 2	6	6	3
질문 3	10	4	2

	평균정확률[%]	평균재현율[%]
①	30	50
②	50	30
③	50	27
④	27	50

7 다음 참고정보원 중 영문 단행본 도서의 출판정보를 확인하는 데 적합하지 않는 것은?

① Books In Print

② Publisher's Trade List Annual

③ 미국 최대 온라인 서점인 Amazon 웹사이트

④ Ulrich's Periodical Directory (또는 Ulrich Web)

5 ④ successive fractions approach(점진분할전략)은 포괄적인 자료에서 특정적인 자료로 탐색의 범위를 점차 좁혀가는 방법이다.

① 인용처리, ② 특정개념패싯우선탐색, ③ 인용문헌확장탐색은 특정적인 자료에서 포괄적인 자료로 탐색의 범위를 점차 넓혀가는 방법이다.

6
- 평균정확률 $= \left(\dfrac{2}{4} + \dfrac{3}{6} + \dfrac{2}{4} \right) \times \dfrac{1}{3} = \dfrac{6+6+6}{12} \times \dfrac{1}{3} = \dfrac{18}{12} \times \dfrac{1}{3} = 0.5$
- 평균재현율 $= \left(\dfrac{2}{10} + \dfrac{3}{6} + \dfrac{2}{10} \right) \times \dfrac{1}{3} = \dfrac{12+30+12}{60} \times \dfrac{1}{3} = \dfrac{54}{60} \times \dfrac{1}{3} = 0.3$

※ 평균정확률과 평균재현율

구분	질문지향적 방법	문헌지향적 방법
평균정확률	$\dfrac{1}{n}\displaystyle\sum_{i=1}^{n} \dfrac{\text{검색된 적합문헌 수}}{\text{검색문헌 총 수}}$	$\dfrac{\displaystyle\sum_{i=1}^{n}\text{검색된 적합문헌 수}}{\displaystyle\sum_{i=1}^{n}\text{검색문헌 총 수}}$
평균재현율	$\dfrac{1}{n}\displaystyle\sum_{i=1}^{n} \dfrac{\text{검색된 적합문헌 수}}{\text{적합문헌 총 수}}$	$\dfrac{\displaystyle\sum_{i=1}^{n}\text{검색된 적합문헌 수}}{\displaystyle\sum_{i=1}^{n}\text{적합문헌 총 수}}$

7 ④ Ulrich's Periodicals Directory는 세계 각국의 연속간행물을 안내하기 위해 발표한 자료이다. 연간 1회 이상의 간행빈도로 발행되는 연속간행물 70,000여 종을 대상으로 534개의 주제명에 의해 소개하고 있으며, 서명, 발행빈도, 출판자, 출판국 DDC번호를 수록하고 있다.

정답 및 해설 5.④ 6.② 7.④

8 참고정보원의 여러 가지 평가 요소 중 '권위'의 평가 요소로 적합하지 않은 것은?

① 참고문헌의 가격
② 출판사의 출판 경험과 업적
③ 편저자의 참고자료 편찬 경험
④ 참고문헌 목록의 유무와 적절성

9 1, 2, 3차 정보원에 대한 유형을 모두 나열한 것은?

① 특허자료, 논문, 서지의 서지
② 학술잡지, 색인, 서지의 서지
③ 보고서, 초록, 지리정보원
④ 연감, 목록, 참고도서안내

10 다음 중 2차 참고정보원으로 분류될 수 있는 정보원의 수는?

특허정보, Book Review Digest, Chemical Abstracts, 브리태니커세계대백과사전, The New York Times, Bibliography and Index of Geology, Information Please Almanac, Roget's International Thesaurus, Books In Print, Physician's Desk Reference

① 3개
② 4개
③ 5개
④ 6개

11 협력형 디지털 정보서비스에 대한 설명으로 옳지 않은 것은?

① 정보전문가의 전문성과 능력을 최대한 활용할 수 있다.
② 이용자와 사서 간 정확한 의사표현과 참고질의가 가능하다.
③ 일주일 7일, 하루 24시간 지속적으로 정보서비스를 제공할 수 있다.
④ 정보원을 최대한 활용할 수 있어 세계적인 네트워크를 형성할 수 있다.

8 참고정보원을 평가하는 평가 요소 중 '권위' 기준의 평가 요소로는 출판사의 출판 경험과 업적, 편저자의 참고 자료 편찬 경험, 참고문헌 목록의 유무와 적절성 등이 있다.

※ 참고정보원 평가 기준

    ㉠ 형식

    ㉡ 권위

    ㉢ 범위

    ㉣ 최신성

    ㉤ 취급

    ㉥ 배열

    ㉦ 유사한 다른 저작과의 관계

    ㉧ 비용

9 정보원에 따른 분류

    ㉠ **1차 정보원** : 원작물, 원문의 내용을 전혀 가공하지 않은 것 → 학술잡지

    ㉡ **2차 정보원** : 1차 정보를 일정한 원칙에 의해 정리한 것 → 색인

    ㉢ **3차 정보원** : 2차 정보를 탐색하기 위해 2차 자료를 재가공한 것 → 서지의 서지

10 2차 참고정보원에 해당하는 것은 Book Review Digest, Chemical Abstracts, Bibliography and Index of Geology, Books In Print의 4가지이다.

11 **협력형 디지털 정보서비스** … 인터넷 기술을 기반으로 하는 디지털 정보서비스로서, 전자적 방법에 의한 실시간 시행으로 지역을 초월한 네트워크를 통해 전문사서의 협력을 활용한 전문서비스이다. 사서와 이용자 간의 의사 소통 방식은 면대면이 아닌 전자적 수단에 의하여 실시간으로 진행될 수 있다는 점에서 물적·인적면에서 뛰어 난 접속성이 전통적 정보봉사의 한계를 극복하였다고 본다.

    ② 사서와 이용자 간의 의사소통 방식이 전자적 수단에 의해 이루어져 전통적 정보봉사에 비해 정확한 의사표 현과 참고질의가 어려울 수 있다.

정답 및 해설 8.① 9.② 10.② 11.②

12 다음 ( ) 안에 들어갈 마크업 언어로 적합한 것은?

전자문서 형식인 마크업 언어의 진화를 요약하면 먼저 (㉠)이 1986년에 국제표준으로 제정되어, 한 문서에서 논리구조와 내용구조를 기술하기 위한 메타언어 표준이 되었다. 이후 이 표준의 응용의 하나로서 웹에서 문서를 표시하는 방식을 규정하는 (㉡)이 개발되었으며, 최근에는 웹 환경에서 문서를 저장하고 원하는 정보를 검색할 수 있는 (㉢)이 개발되어 사용 중이다.

	㉠	㉡	㉢
①	SGML	HTML	XML
②	XML	HTML	SGML
③	HTML	XML	SGML
④	HTML	SGML	XML

13 데이터베이스에서 검색될 수 있는 모든 단어가 일련의 문헌번호(postings) 순으로 수록되어 있는 것은?

① 도치파일
② 시소러스
③ 주제명 표목표
④ 디스크립터 파일

14 대학도서관에서 이용자 연구지원 서비스를 위해 사서가 대학원의 특정 과목의 연구조사 과제 탐색교육을 실시하였다. 이러한 교육 유형으로 적합한 것은?

① 견학
② 서지교육
③ 도서관 교육
④ 오리엔테이션

15 랑카스터(F. W. Lancaster)가 사실형 질문의 답변에 한정하여 제시한 정보서비스 평가범주에 해당하지 않는 것은?

① 한 이용자당 평균 참고질문 처리시간

② 특정기간동안 접수된 참고질문의 총 건수

③ 참고질문의 해답 제공에 소요된 평균 비용

④ 참고사서가 해결한 참고질문 수

---

12 • SGML : 전자문서가 어떠한 시스템 환경에서도 정보의 손실 없이 전송, 저장, 자동처리가 가능하도록 국제표준화기구(ISO)에서 정한 문서처리 표준
• HTML : 웹 문서를 만들기 위하여 사용하는 기본적인 프로그래밍 언어의 한 종류로, 문서의 글자크기, 글자색, 글자모양, 그래픽, 문서이동(하이퍼링크) 등을 정의하는 명령어
• XML : HTML을 개선하여 만든 언어로, 홈페이지 구축기능, 검색기능 등이 향상되었고, 웹 페이지의 추가와 작성이 편리해짐

13 도치파일(역파일) … 자료마다가 아니라 자료 속성에 따라 논리 레코드를 만들어 배열 순서를 반대로 한 파일로서 정보 검색에서 키워드로 레코드를 찾을 수 있도록 상호 참조 파일을 편성하는 방법

14 서지교육의 특징
㉠ 정보의 효과적인 탐색과 활용을 위한 교육
㉡ 특정 목적을 갖는 이용자 집단을 대상으로 하는 교육
㉢ 특정 교과목과 연계하거나 독립 교과목에 의한 그룹 단위의 교육

15 사실형(즉답형) 질문은 참고사서가 한두 가지의 참고자료만을 조사함으로써 간단히 해답에 이를 수 있는 질문이다. 랑카스터가 사실형 질문의 답변에 한정하여 제시한 정보서비스 평가범주로는 한 이용자당 평균 참고질문 처리시간, 특정기간 동안 접수된 참고질문의 총 건수, 참고사서가 해결한 참고질문 수 등이 있다.

정답 및 해설 12.① 13.① 14.② 15.③

16 오늘날의 도서관에서 제공하는 정보서비스는 듀이가 1887년에 개설한 '독자지원(Aides to Readers)'이라는 강좌로부터 시작되었다. 발전되는 과정에서 사용되었거나 오늘날 혼용하고 있는 용어가 아닌 것은?

① 안내봉사(Guiding Service)

② 참고업무(Reference Work)

③ 참고봉사(Reference Service)

④ 참고 및 정보 봉사(Reference and Information Service)

17 다음의 정보속성 중 내적·내용적 속성만으로 구성된 것은?

① 키워드, 디스크립터, 분류기호, 주제명

② 키워드, 저자명, 디스크립터, 분류기호

③ 저자명, 표제, 출판사명, 발행일

④ 저자명, 디스크립터, 표제, 출판사명

18 지역사회의 모든 주민들을 대상으로 그들의 일상생활과 관련 있는 경제, 문화, 여가 등의 실용 정보를 외부 기관 또는 전문가에게 안내·연결해 주는 서비스는?

① Interlibrary Loan

② Information Brokering

③ Information & Referral Service

④ Selective Dissemination of Information

19 불리안(Boolean) 논리 모델의 장점은?

① 인접연산자를 이용하여 더욱 정확한 검색이 가능하다.

② 질의를 분해하여 얻어진 여러 가지 패싯의 조작을 지원한다.

③ 여러 개념에 대하여 상대적 중요성을 나타낼 수 있는 가중치 메커니즘이 있다.

④ 자연어 사용 시 적용되는 논리와 불리안 연산자 사용 시 적용되는 논리가 일치한다.

20 정보 리터러시(information literacy)에 대한 설명으로 옳지 않은 것은?

① 정보활용 또는 정보활용능력으로 부르기도 한다.

② 정보화 사회에서 개인의 평생교육을 위해 중요한 요소이다.

③ 도서관 이용자 교육과 별개의 개념으로 다루어진다.

④ 정보를 찾아서 평가하고 효과적으로 이용할 수 있는 능력이다.

---

16 참고봉사(reference service)라는 용어는 참고업무(reference work)와 명확한 구분 없이 오랫동안 혼용되어 왔으며 초기의 문헌에는 모두 참고업무라고 기술되어 있으나, 세계 제2차 대전 이후 참고업무가 재편되고 봉사의 의미가 강조되면서 차츰 참고봉사라고 부르는 경향이 많아지게 되었다. 또한 정보봉사의 영역까지 확대되어 참고 및 정보 봉사로 사용하기도 한다.

17 정보의 외적·물리적 속성으로는 저자, 표제, 발행일, 발행지 등이 있으며 내적·내용적 속성에는 키워드, 주제명, 디스크립터, 분류기호 등이 있다.

18 리퍼럴 서비스(referral service)는 이용자 요구에 따라 정보원이 되는 기관 또는 연구자를 소개하는 서비스이다. 정보 및 리퍼럴 서비스는 지역사회 주민들을 대상으로 그들과 관련된 정보를 기관 또는 전문가에게 안내·연결해 주는 서비스라고 할 수 있다.

19 불리안 논리 모델(Boolean Model) … 웹이나 문서에서 검색어와 일치하면 True, 불일치하면 False가 되어 True만 보여주는 방식
  ㉠ 장점
  • 가장 간단한 검색이 가능하다.
  • 관련있는 자료만을 보여준다.
  • 명확하고 단순하다.
  ㉡ 단점
  • 찾고자 하는 여러가지 정보를 찾을 수 없다.
  • 문서량이 너무 많거나 적어질 수 있다.
  • 검색에 적합하지 않다.

20 정보 리터러시 … 정보의 필요성을 인식하고, 유용한 정보원을 탐색하고, 정보에 접근하고, 비판적으로 판단하며, 필요한 정보를 이용해 문제 해결을 수행할 수 있는 광범위한 능력
  ③ 도서관 이용자 교육을 통해 이용자가 살아가는 데 꼭 필요한 정보 리터러시를 습득해 디지털 사회와 적극적으로 소통할 수 있도록 해 준다.

정답 및 해설 16.① 17.① 18.③ 19.② 20.③

1 시소러스에서 우선어(preferred term) 동의어를 우선어로 지시할 때 사용되는 용어는?

① UF
② USE
③ NT
④ BT

2 정보검색의 정확률과 재현율을 높이는 방법으로 바르게 묶인 것은?

	정확률 높이는 방법	재현율 높이는 방법
①	절단기법 사용	특정 필드로 한정한 탐색 사용
②	퍼지탐색 사용	불리언 연산자 OR 사용
③	불리언 연산자 AND	다수의 데이터베이스 사용
④	사용대소문자 구별탐색 사용	인접연산자 WITH 사용

3 아래와 같은 탐색문을 사용하였을 때 탐색되지 않는 어구는?

정보 2NEAR 산업

① 정보 기반 산업
② 정보 사회 중점 산업
③ 산업 기술 유통 정보
④ 정보 사회 국가 기밀 산업

4 전자게시판을 활용한 정보서비스에 대한 설명으로 옳은 것을 모두 고른 것은?

> ㉠ 비언어적 커뮤니케이션을 사용하기 어렵다.
> ㉡ 해답의 확인을 위해 다시 전자게시판을 방문해야 한다.
> ㉢ 이용자의 정보요구를 명확하게 파악할 수 있다.
> ㉣ 24/7 Reference 소프트웨어를 사용할 수 있다.

① ㉠

② ㉠, ㉡

③ ㉠, ㉡, ㉢

④ ㉠, ㉡, ㉢, ㉣

---

1 ① UF(Use For Or Synonymous) : 용례 혹은 동의어

③ NT(Narrower Term) : 하위 개념

④ BT(Broader Term) : 상위 개념

2 연산자 AND는 검색어로 입력된 단어가 모두 포함된 문서를 검색하므로 검색된 정보의 총수에서 검색된 적합 정보가 차지하는 비율(정확률)이 높아진다. 또한 다수의 데이터베이스를 사용하면 하나의 데이터베이스를 사용할 때보다 적합 정보의 총수에서 검색된 적합 정보가 차지하는 비율(재현율)이 높아진다.

- 정확률 : 검색(추천)된 정보가 얼마나 적합한가의 정도(정확성) → $\dfrac{\text{검색된 적합 정보수}}{\text{검색된 정보의 총수}} \times 100$

- 재현율 : 적합한 정보가 얼마나 많이 검색되었는지에 대한 여부(완전성) → $\dfrac{\text{검색된 적합 정보수}}{\text{적합 정보의 총수}} \times 100$

3 NEAR 연산자는 앞뒤의 검색어가 동시에 나오며 바로 옆에 또는 일정 거리 내에 인접하여 나타나는 문서를 검색한다.

④ '정보'와 '산업' 사이의 거리가 2를 초과하여 탐색되지 않는다.

4 ㉢ 전자게시판은 면대면이 아니므로 이용자의 정보요구를 명확하게 파악할 수 없다.

㉣ 24/7 reference 소프트웨어는 실시간 서비스로 전자게시판을 활용한 정보서비스에 적절하지 않다.

정답 및 해설 1.② 2.③ 3.④ 4.②

5 이용자 교육 방법 중 서비스현장교육에 대한 설명으로 옳지 않은 것은?

① 정보서비스 형성 초기의 초보적 교육 형태이다.

② 참고사서가 참고데스크에서 참고면담의 형식으로 실시하는 개별 교육이다.

③ 참고사서가 이용자의 질문에 해답하는 과정에서 이용자의 요청에 의해 이루어진다.

④ 참고사서는 교육 준비를 위해 장기적 계획이나 프로그램을 개발해야 한다.

6 자동색인 기법 중 문헌분리가(term discrimination value) 기법에 대한 설명으로 옳지 않은 것은?

① 좋은 색인어는 문헌을 분리시켜주고, 좋지 않은 색인어는 문헌을 밀집시킨다는 가정에서 출발했다.

② '문헌분리가'란 특정 단어가 문헌집단에서 상호 관련없는 문헌을 분리시키는 능력이다.

③ 평균유사도는 문헌들이 공간에서 밀집되는 정도를 나타낸다.

④ 문헌빈도가 낮은 단어에 높은 가중치를 부여하는 기법이다.

7 RSS에 대한 설명으로 옳지 않은 것은?

① RSS는 HTML로 작성된다.

② RSS 파일을 피드(feed)라 한다.

③ 최신정보주지서비스(SDI)와 유사한 서비스이다.

④ RSS는 Really Simple Syndication의 약자로 사용되기도 한다.

8 서지네트워크에 대한 설명으로 옳지 않은 것은?

① 비영리법인체의 목표를 표방하고 있으나, 실제로는 이윤에 상당한 관심을 가진다.

② 회원도서관들이 필요로 하는 각종 기록을 검색, 수정할 수 있는 서지파일을 제공한다.

③ 국내의 경우 지역네트워크를 기반으로 발전되어 회원도서관 간 상호연대의식이 강하다.

④ 초기에는 회원도서관들의 소장 자료와 미의회도서관의 MARC 데이터를 중심으로 데이터베이스를 구축하였다.

9 다음은 검색효율에 대한 측정공식이다. 괄호 안에 들어갈 용어로 옳은 것으로만 묶은 것은?

- (㉠) = 검색되지 않은 적합문헌수/적합문헌 총수
- (㉡) = 검색된 부적합 문헌수/검색된 문헌 총수
- (㉢) = 검색된 부적합 문헌수/부적합문헌 총수

	㉠	㉡	㉢
①	잡음률	부적합률	배제율
②	누락률	잡음률	부적합률
③	부적합률	배제율	잡음률
④	배제율	잡음률	누락률

---

5 ④ 서비스현장교육은 장기적 계획이나 프로그램 개발보다는 해당 현장에 적합하게 실시한다.

6 ④ 문헌 집단에서 출현빈도가 낮을수록 색인어의 중요도가 높다는 가정하에 가중치를 부여하는 것은 역문헌빈도 기법이다.

7 ① RSS는 XML 기반의 포맷이다.
  ※ **RSS** … rich site summary 또는 really simple syndication 등의 머리글자를 딴 용어로, 인터넷상의 수많은 정보 가운데 이용자가 원하는 것만 골라 서비스해주는 '맞춤형 정보 서비스'이다. 웹사이트 간에 자료를 교환하거나 배급하기 위한 XML 기반의 포맷으로, 뉴스·날씨·쇼핑 등 업데이트가 빈번히 이루어지는 웹사이트에서 사용자들에게 업데이트된 정보를 자동적으로 간편하게 제공하기 위해 사용된다. RSS는 원래 넷스케이프(Netscape)에서 신문기사를 손쉽게 제공하기 위하여 시작한 것으로, 1995년 MCF로 시작하여 RDF와 CDF를 거쳐 RSS로 정착하였다.

8 ③ 국내의 경우 서지네트워크는 국가 차원에서 대량의 목록정보를 보유하고, 이용할 수 있게 하여 회원도서관 간 상호연대의식은 강하지 않다.

9 • 누락률=검색되지 않은 적합문헌수/적합문헌 총수
  • 잡음률=검색된 부적합 문헌수/검색된 문헌 총수
  • 부적합률=검색된 부적합 문헌수/부적합문헌 총수

정답 및 해설 **5.**④ **6.**④ **7.**① **8.**③ **9.**②

10 이용자교육에 적용할 수 있는 평가방법과 그 내용에 대한 설명으로 옳지 않은 것은?

① 설문지법 – 설문조사 실시 전에 반드시 예비 테스트가 필요하다.
② 관찰법 – 대상과 장소에 구애받지 않고 실시할 수 있다.
③ 면접법 – 직접 학습자와 대화를 통해 평가의 자료를 얻는다.
④ 테스트법 – 현장에서 바로 문제점을 도출하여 즉시 적용이 가능하다.

11 다음과 같은 특성을 갖는 이용자 교육은?

> • 정보의 효과적인 탐색과 활용을 위한 교육
> • 특정 목적을 갖는 이용자 집단을 대상으로 하는 교육
> • 특정 교과목과 연계하거나 독립 교과목에 의한 그룹 단위의 교육

① 서지교육
② 도서관안내교육
③ 정보관리교육
④ 도서관교육

12 오픈 액세스(Open Access)에 대한 설명으로 옳지 않은 것은?

① 독자에게 무료로 제공된다.
② 학술 연구 자원에 적용된다.
③ 구독기반 출판모델의 대안이다.
④ 전문가에 의한 학술자원 심사가 면제된다.

13 용어에 대한 해석이 옳은 것은?

① CAI – 상호대차서비스
② ILL – 정보의 선택배포서비스
③ VRD – 가상참고서가
④ I & R – 정보중재

14 특수사전 중 동의어나 반의어를 찾을 때 가장 적합한 자료는?

① Roget's International Thesaurus

② Merriam-Webster's Dictionary of English Usage

③ Languages of the World

④ Online Etymology Dictionary

---

10 이용자교육에 적용할 수 있는 평가방법은 설문지법, 관찰법, 면접법 등이 있다.
④ 테스트법은 이용자교육 평가방법으로 보기 어렵다.

11 제시된 내용은 서지교육의 특성이다.

12 오픈 액세스 … 현행 학술커뮤니케이션의 모순을 극복하기 위한 대안으로 등장한 것 중 하나로 법적·경제적·기술적 장벽 없이 전 세계 이용자 누구라도 자유롭게 무료로 정보에 접근할 수 있도록 저작물 생산자와 이용자가 정보를 공유할 수 있도록 하는 것을 말한다. 오픈액세스는 저자의 비용 부담, 이용자의 무료 접근, 시·공간을 초월한 상시적 접근, 저자의 저작권 보유 등의 4대 원칙을 강조하는 정보공유 체제이다.

13 ① CAI(Computer-Assisted Instruction) : 이용자개별교육
② ILL(InterLibrary Loan) : 상호대차서비스
④ I & R(Information & Referral service) : 정보안내서비스

14 ② 영어활용법
③ 세계언어
④ 온라인 어원사전

정답 및 해설 10.④ 11.① 12.④ 13.③ 14.①

15 도서관 이용자교육을 위한 교육 프로그램의 개발에서 고려되어야 할 요소를 모두 고른 것은?

> ㉠ 프로그램 목적의 명문화
> ㉡ 교육시설 및 장비의 지원 여부
> ㉢ 이용자 요구에 적합한 교육 내용 및 구성
> ㉣ 교육결과에 대한 평가 실시 및 반영

① ㉠, ㉡　　　　　　　　　　　② ㉠, ㉡, ㉢
③ ㉠, ㉢, ㉣　　　　　　　　　④ ㉠, ㉡, ㉢, ㉣

16 영국에서 학위논문을 전문적으로 서비스하는 기관은?

① ProQuest/UMI　　　　　　　② KERIS
③ EBSCO　　　　　　　　　　④ BLDSC

17 다음 정보원 중 주제 범위가 동일한 것을 모두 고른 것은?

> ㉠ Science Direct　　　　　　㉡ General Science Abstracts
> ㉢ FRANCIS　　　　　　　　㉣ WorldCat

① ㉠, ㉡　　　　　　　　　　　② ㉡, ㉢
③ ㉠, ㉡, ㉣　　　　　　　　　④ ㉠, ㉡, ㉢, ㉣

18 협력형디지털참고서비스(CDRS)에 대한 설명으로 옳지 않은 것은?

① 도서관간의 세계적 협력을 지향하는 정보서비스다.
② 디지털화된 해답의 제공으로 기술방식의 표준화가 요구되지 않는다.
③ QuestionPoint, Q and A NJ 서비스 등이 대표적인 사례이다.
④ 우리나라에서는 현재 국립중앙도서관이 주축이 되어 이 서비스를 실시하고 있다.

19 연구자 공동체의 일종인 '보이지 않는 대학(invisible colleges)'에 대한 설명으로 가장 옳은 것은?

① 명시적인 리더가 있다.

② 학술정보 전달시스템에 대한 영향력이 약하다.

③ 엘리트로 구성된 소규모 연구 집단이다.

④ 공식적 커뮤니케이션을 통하여 정보를 교환한다.

20 '정보'와 '안내'의 두 개념이 통합된 '정보안내 서비스'의 시행과정에서 계획단계가 아닌 것은?

① 조직구조의 결정　　　　　　② 자원파일의 구축

③ 기존 서비스와의 관계 정립　　④ 지역사회의 정보요구 분석

---

15 도서관 이용자교육을 위한 교육 프로그램 개발에서는 제시된 내용이 모두 고려되어야 한다.

16 ④ BLDSC(The British Library Document Supply Centre)는 영국국립도서관 산하기관으로, 국립도서관을 중심으로 하는 중앙 집중형 연구개발 정보유통체제를 구축 운영하고 과학기술·의학·사회과학·예술 등과 관련된 광범위한 자료를 제공하고 있다.

17 ㉠㉣ 인문사회＋과학기술→전분야
　　㉡ 과학기술
　　㉢ 인문과학＋사회과학
　　※ 논란이 있었던 문제로 모두 정답으로 처리되었다.

18 ② 협력형디지털참고서비스는 해답의 제공에 기술방식의 표준화가 요구된다.

19 보이지 않는 대학(invisible colleges) … 개개의 구성원들이 특정 분야의 최신 정보에 대한 고유의 접근방식을 가지고 있어, 이를 교환하거나 지원함으로써 공동의 이익을 추구하는 엘리트로 구성된 소규모 연구 집단
　　① 명시적인 리더가 없다.
　　② 학술정보 전달시스템에 대한 영향력이 강하다.
　　④ 비공식적 커뮤니케이션을 통해 정보를 교환한다.

20 '정보안내 서비스' 시행을 위한 계획단계에서는 조직구조의 결정, 기존 서비스와의 관계 정립, 지역사회의 정보요구 분석 등이 이루어진다. 자원파일의 구축은 계획단계 이후에 이루어진다.

정답 및 해설 15.④　16.④　17.①②③④　18.②　19.③　20.②

1 정보서비스의 기능 중에서 정보제공에 속하는 직접적인 활동내용이 아닌 것은?

① 정보중재   ② 질문과 해답

③ 데이터베이스 구축   ④ 정보중개

2 도서관이 원격 이용자에게 사서와 주제전문가의 문헌정보, 인터넷정보원, 주제 분야에 관한 전문지식과 경험을 제공하는 서비스는?

① 독서상담서비스

② 디지털정보서비스

③ 맞춤정보서비스

④ 문헌배달서비스

3 마치오니니(Marchionini)의 4가지 브라우징 전략 중 ㉠에 적합한 전략은?

(㉠)는 고도로 조직화된 정보검색환경에서 잘 정의된 목표를 찾기 위한 브라우징 전략으로서 단선적 혹은 선택적 (㉠)가 있다. 단선적 (㉠)는 정보공간에서 순차적으로 정보를 브라우징하는 것으로 검색된 결과의 리스트를 차례차례로 살펴보는 것이다.

① 관찰하기(observe)   ② 훑어보기(scan)

③ 항해하기(navigate)   ④ 모니터하기(monitor)

4 참고정보원 중 어린이 및 청소년을 위한 백과사전은?

① Compton's Encyclopedia

② The Oxford English Dictionary

③ The Columbia Gazetteer of the World

④ Biography and Genealogy Master Index

5 일반적으로 포함되는 정보의 내용에 따라 참고정보원의 유형을 분류할 때, 이차 참고정보원(서지정보원)에 해당하는 것만을 모두 고른 것은?

㉠ 초록	㉡ 색인
㉢ 연감	㉣ 백과사전

① ㉠, ㉡

② ㉠, ㉣

③ ㉡, ㉢

④ ㉢, ㉣

---

1 ③ 데이터베이스 구축은 정보서비스의 간접적 기능이다.

2 ① 독서상담서비스 : 독자의 관심과 독서 수준에 적합한 책을 선택하도록 사서가 도와 주는 데 역점을 두는 서비스
③ 맞춤정보서비스 : SDI(Selective Dissemination of Information)서비스는 관심 있는 분야의 키워드를 등록해 놓으면 관련 자료가 도서관에 입수될 때마다 신청해둔 E-mail을 통해 정기적으로 최신정보를 제공받을 수 있는 서비스
④ 문헌배달서비스 : 도서관 방문 이용이 어려운 이용자를 위하여 문헌을 배달받아 편리하게 이용할 수 있도록 하는 서비스

3 〈훑어보기〉는 고도로 조직화된 정보검색환경에서 잘 정의된 목표를 찾기 위한 브라우징 전략으로서 단선적 혹은 선택적 〈훑어보기〉가 있다. 단선적 〈훑어보기〉는 정보공간에서 순차적으로 정보를 브라우징하는 것으로 검색된 결과의 리스트를 차례차례로 살펴보는 것이다.

4 Compton's Encyclopedia(컴튼 백과사전) ⋯ 교육과정에 적합한 항목을 잘 선택하여 교육법에 맞도록 편집·발행하고 있어 초등학교 상급학년부터 고등학생에 이르기까지 폭넓게 사용할 수 있다.

5 2차 참고정보원에는 서지, 목록, 초록, 색인 등이 있다.

정답 및 해설 1.③ 2.② 3.② 4.① 5.①

6 전세계의 학술지를 대상으로 영향력 지수와 관련된 인용정보를 일 년 주기로 발행하여 학술지 평가에 유용한 정보를 제공하는 것은?

① JCR
② Dialog
③ OAIster
④ Elsevier Science Direct

7 대상 영역과 메타데이터 스키마가 잘못 연결된 것은?

① 에이전트 : vCard, FOAF
② 출판유통 : XrML, ODRL
③ 교육 : LOM, GEM, SCORM
④ 박물관, 미술관 : VRA, CDWA, CCO

8 정보안내서비스의 서비스 시행단계를 계획단계, 시행단계, 평가단계로 구분할 때, 시행단계 업무만을 모두 고른 것은?

㉠ 홍보	㉡ 직원교육
㉢ 자원파일의 구축	㉣ 기존 서비스와의 관계 정립

① ㉠, ㉡, ㉢
② ㉠, ㉡, ㉣
③ ㉠, ㉢, ㉣
④ ㉡, ㉢, ㉣

9 자연어 색인과 통제어휘 색인의 관계에 대한 설명으로 옳은 것은?

① 자연어를 색인어로 선택하면 통제어휘 사용에 비해 동형이의어 문제를 제거할 수 있다.
② 자연어를 색인어로 선택하면 통제어휘 사용에 비해 분류시스템의 호환성에 많은 문제가 발생한다.
③ 통제어휘를 색인어로 선택하면 자연어 사용에 비해 동의어 문제를 제거할 수 있다.
④ 통제어휘를 색인어로 선택하면 자연어 사용에 비해 정보표현과 검색의 정확성이 증가한다.

10 다음과 같은 특성을 갖는 이용자 교육은?

> • 도서관의 잠재적인 이용자 집단에게 도서관에 대한 이해를 넓히고 이용을 촉진시킨다.
> • 도서관 시설, 조직 및 서비스 등 도서관 시스템 전반에 걸쳐 간단히 소개하는 초급 단계의 교육이다.

① 특정자료 이용교육　　　　　　② 도서관 이용지도
③ 서비스 현장교육　　　　　　　④ 오리엔테이션

---

6 JCR(Journal Citation Report) … Thomson Scientific사가 Journal의 평가를 위해 인용 분석을 통해 만든 Journal 평가도구로, 저널의 인용, 피인용 정보 등을 바탕으로 Impact Factor(IF) 등의 저널 평가 지표를 제공하고 있다.

7 ② XrML, ODRL는 디지털 콘텐츠 식별기술이다.

8 ㉣ 기존 서비스와의 관계 정립은 계획단계의 업무이다.

9 ① 통제어를 색인어로 선택하면 자연어휘 사용에 비해 동형이의어 문제를 제거할 수 있다.
② 통제어를 색인어로 선택하면 자연어휘 사용에 비해 분류시스템의 호환성에 많은 문제가 발생한다.
④ 자연어휘를 색인어로 선택하면 통제어 사용에 비해 정보표현과 검색의 정확성이 증가한다.

10 오리엔테이션은 가장 초보적 단계의 이용자 교육으로 도서관에 대한 이해를 넓혀 이용을 촉진시킨다. 주로 도서관 시설, 조직 및 서비스 등 도서관 시스템 전반에 대해 간단히 소개하는 형식으로 진행된다.

정답 및 해설 6.① 7.② 8.① 9.③ 10.④

11 참고사서가 이용자의 질문을 듣고 되물을 때, 응용할 수 있는 질문방법으로는 폐쇄적 질문, 개방적 질문, 중립적 질문이 있다. 일반적인 참고봉사 상황에서 가장 바람직한 질문의 진행방법은?

① 개방적 질문→폐쇄적 질문→중립적 질문
② 중립적 질문→개방적 질문→폐쇄적 질문
③ 폐쇄적 질문→중립적 질문→개방적 질문
④ 개방적 질문→중립적 질문→폐쇄적 질문

12 검색어휘의 표현에 다양한 변형을 허용하고자 사용하는 어휘절단 연산자에 대한 설명으로 옳지 않은 것은?

① 특정어휘에 적용되므로 이항 연산자이다.
② 주로 어휘의 변형이 많은 영어로 된 어휘에 많이 적용된다.
③ 절단(truncation)은 와일드카드(wildcard) 또는 스테밍(stemming)이라고도 한다.
④ 어휘의 적당한 부분을 절단하여야만 유용한 검색결과를 얻을 수 있을 때 사용되지만, 너무 많이 절단하면 불필요한 검색결과를 얻게 된다.

13 시각장애인과 독서장애인을 위한 매체로 국제적인 디지털 음성 표준 포맷은?

① RDF
② JPEG
③ DAISY
④ MPEG 7

14 도서관에서 제공하는 RSS(Rich Site Summary) 서비스의 유형이 아닌 것은?

① 소급 자료의 탐색
② 도서관 블로그 구독
③ 도서관 공지사항 구독
④ 검색결과의 주기적 전달

15 정보서비스를 평가하는 방법은 상황에 따라 특정 요인에 크게 영향을 받는다. 그 요인으로 옳지 않은 것은?

① 기술과 비용 ② 목적과 범위

③ 시간과 주체 ④ 목록과 표준

---

11 일반적인 참고봉사 상황에서 참고사서가 이용자의 질문을 듣고 되물을 때 가장 바람직한 질문의 진행방법은 이용자의 부담이 적은 개방적 질문→중립적 질문→폐쇄적 질문 순이다.

12 ① 이항 연산자 : 2개 항 사이의 연산을 정의하는 연산자로 +, *, EQ, AND 등이 있다.

13 ③ DAISY : 시각장애인과 독서장애인을 위한 국제적인 디지털 음성표준
① RDF : 웹상의 메타데이터를 지원하는 데 필요한 구조를 정의하기 위해 W3C에서 제안한 표준
② JPEG : 사진 등의 정지화상을 통신에 사용하기 위해서 압축하는 기술의 표준
④ MPEG 7 : 멀티미디어로 구성된 데이터베이스에서 정보를 용이하게 탐색하여 추출할 수 있도록 표준화된 멀티미디어 콘텐츠 표현 방식

14 RSS 서비스의 유형
㉠ 도서관 블로그 구독
㉡ 도서관 공지사항 구독
㉢ 검색결과의 주기적 전달
㉣ 도서관 신규 자료 공지

15 정보서비스를 평가하는 방법에 영향을 미치는 상황 요인으로는 기술과 비용, 목적과 범위, 시간과 주체 등이 있다.
④ 목록과 표준은 정보서비스를 위해 갖추어야 할 요인이다.

정답 및 해설 11.④ 12.① 13.③ 14.① 15.④

16 소셜 태깅(social tagging)에 대한 설명으로 옳지 않은 것은?

① 최종이용자가 인터넷 상의 정보를 색인하는 수단의 하나이다.

② 폭소노미는 색인전문가에 의해 만들어진 태그로 구축된 택소노미이다.

③ 태그구름은 태그빈도에 기초하여 사이트에서 만들어진 시각적 태그집성이다.

④ 태깅은 정보표현의 새로운 방법으로서, 정보검색 분야를 확장시키는 혁신을 초래하였다.

17 정보서비스의 평가요소를 제시한 사람과 그의 주장이 잘못 연결된 것은?

① 봅(Bopp)은 참고자원의 평가, 참고조사업무의 평가, 정보서비스의 평가 등 3단계로 구분하고 각 단계에서 필요한 평가요소를 제시하였다.

② 짜이찌(Zweizig)는 정보서비스에 대한 이용자의 인식, 직접서비스, 참고집서, 타 기관과의 협력, 정보서비스 운영체계, 재정적 측면 등 6개 영역의 평가를 주장하였다.

③ 휘틀래치(Wjhitlatch)는 담당자의 개인적인 성과, 장서개발, 새로운 기술과 정보서비스의 소개, 서비스와 직원평가, 운영능력 등 5가지의 요소에 대해 평가할 것을 주장하였다.

④ 랑카스터(Lancaster)는 사실형질문의 답변에 대한 평가에 한정하여 특정기간 동안 접수된 참고질문의 총 건수, 해결을 시도한 참고질문 수, 참고사서가 해결한 참고질문 수, 해결된 참고질문의 정확률, 한 이용자당 평균 참고질문 처리시간 등 5가지 평가범주를 제시하고 있다.

18 정보검색시스템의 검색 성능을 평가하는 척도의 값이 1이 되는 것은?

① 잡음률 + 재현율   ② 누락률 + 재현율

③ 배제율 + 정확률   ④ 부적합률 + 재현율

19 ISO 11620 '성과지표'의 속성에 대한 설명으로 옳지 않은 것은?

① 타당성은 측정하고자 의도한 것을 측정하는 속성이다.

② 적절성은 도서관의 절차 및 근무환경의 적합성에 관한 속성이다.

③ 신뢰성은 동일한 환경에서 사용될 때 동일한 결과의 산출여부에 관한 속성이다.

④ 비교성은 문제점을 식별하고 가능한 행동을 취하는 데 도움이 되는 속성이다.

20 소스코드가 공개된 상태로 공급되는 오픈 소스 소프트웨어(OSS)가 아닌 것은?

① DSpace

② Fedora

③ Greenstone

④ Topic Maps

---

16 ② 폭소노미는 이용자에 의해 만들어진 메타데이터이다.

17 ③ 담당자의 개인적인 성과, 장서개발, 새로운 기술과 정보서비스의 소개, 서비스와 직원평가, 운영능력 등 5가지의 요소에 대해 평가할 것을 주장한 것은 Katz이다. 휘틀래치는 주로 이용자의 질문과 참고사서가 제공하는 정보, 제공된 정보에 대한 이용자와 참고사서의 인식정도 등을 평가요소로 제시하였다.

18 정보검색시스템의 검색 성능을 평가하는 척도의 값이 1이 되는 것은 '누락률＋재현율', '잡음률＋정확률', '배제율＋부적합률'이다.

19 ④ 비교성은 도서관들 간의 성과 비교에 관한 속성이다. 성과지표를 통해 각 도서관의 질과 효율 수준을 비교할 수 있다.

20 소스코드가 공개된 상태로 공급되는 오픈 소스 소프트웨어(OSS)로는 DSpace, Fedora, Greenstone, JeromDL 등이 있다.
④ Topic Maps는 국제표준화기구 ISO의 시맨틱 기술 표준이다.

정답 및 해설 16.② 17.③ 18.② 19.④ 20.④

1 이용자에 대한 참고사서의 인적 협조를 반대했던 인물은?

① Samuel S. Green   ② Charles A. Cutter

③ William F. Poole   ④ Melvil Dewey

2 정보서비스의 평가 유형 중 공개조사법(obtrusive testing)에 대한 설명으로 옳은 것은?

① 사서들이 평가받고 있다는 사실을 인식하고 있어 실제 정보서비스 상황과 큰 차이가 발생할 수도 있다.

② 자연스러운 업무 상황에서 사서를 평가하므로 정보서비스 평가 결과를 신뢰할 수 있다.

③ 사전에 면밀한 계획을 세워야 하므로 시간이 많이 소요되고 대리 이용자의 교육 등에 비용이 많이 든다.

④ 윤리적인 문제로 평가 자체에 대한 부정적 반응을 불러일으킬 가능성이 있다.

3 디지털 콘텐츠의 저작권 보호 기술에 해당하는 것은?

① Metadata   ② Creative Commons License

③ Greenstone   ④ Digital Fingerprinting

4 정보이용행태 모형 중 Brenda Dervin이 제시한 의미형성이론의 핵심 개념을 가장 잘 보여주는 것은?

① 의도 – 상황 – 선택
② 탐색 – 선택 – 이용
③ 형성 – 탐색 – 선택
④ 상황 – 격차 – 이용

5 시소러스에 대한 설명으로 옳지 않은 것은?

① 불용어를 포함하여 문헌의 주제와 관련된 용어의 상호관계를 보여 준다.
② 색인 작성 시 적절한 색인어를 선택·통제하거나 검색 시 적절한 검색어의 선택과 확장이나 축소를 위해 사용할 수 있다.
③ 분류표, 주제명표목표와 더불어 색인어휘를 제공하는 통제어휘집의 일종이다.
④ UF는 비우선어를 제시해 주며, BT 및 NT는 상하위 개념의 용어를 제시해 준다.

---

1 이용자에 대한 참고사서의 인적 협조는 Samuel S. Green이 주장하였다. William F. Poole, Melvil Dewey 등은 찬성하였고, Charles A. Cutter, Robert W.F Harrison 등은 반대하였다.

2 ②③④ 비밀조사법에 대한 설명이다.

3 Digital Fingerprinting … 사람의 지문을 디지털화한 것. 숨은 메시지를 디지털 시청각 자료에 파묻는 것으로 이 방식으로 암호화되면 어떤 자료로 복제되든 이 신호를 지니게 되어 저작권을 보호할 수 있다.
① Metadata : 저작권 관리기술의 묘사방법
② Creative Commons License : 개방환경에서 사용되는 개방적 이용허락
③ Greenstone : 디지털도서관 컬렉션을 구축·분배하기 위한 Open S/W

4 Brenda Dervin의 의미형성이론 … 정보환경(situation)에서 그 격차(gap)를 인식하고 정보획득을 위해 의식적으로 노력하여 정보를 이용(use)하며 새로운 의미를 형성한다.

5 ① 불용어는 포함하지 않는다.

정답 및 해설 1.② 2.① 3.④ 4.④ 5.①

6 현대적 정보검색 방법 개발에 기여한 Mortimer Taube가 창안한 것은?

① 조합색인　　　　　　　　　② SDI 서비스
③ 자동색인 알고리즘　　　　　④ 적합성 피드백 기법

7 다음 표와 같이 전체 문헌을 네 개의 집단으로 구분하였을 때 검색효율의 값[%]은? (단, 검색효율은 "재현율 + 배제율 − 1"이다)

	적합 문헌	부적합 문헌
검색 문헌	15	10
비검색 문헌	5	70

① −27.5　　　　　　　　　　② 35
③ 47.5　　　　　　　　　　　④ 62.5

8 다음에 제시된 정보검색 모델에서 '용어가중치'를 사용하는 모델로만 구성된 것은?

㉠ 벡터공간 모델	㉡ 불리언논리 모델
㉢ 확률 모델	㉣ 확장불리언논리 모델

① ㉠, ㉡　　　　　　　　　　② ㉠, ㉣
③ ㉡, ㉢　　　　　　　　　　④ ㉡, ㉣

9 정보검색에서 재현율을 높이기 위한 방법으로 옳지 않은 것은?

① 색인어보다 자연어를 사용한다.
② 가능한 한 많은 유의어를 포함시킨다.
③ AND 연산자를 가능한 한 적게 사용한다.
④ 서명필드에서 탐색용어를 사용한다.

10 LibQUAL + 척도에 대한 설명으로 옳지 않은 것은?

① 웹 기반 이용자 조사를 통해 도서관 서비스 품질에 대한 이용자의 인식을 측정하는 것이 목적이다.

② 도서관 장서 평가만을 위해 개발되어 도서관 장서의 물리적 제공과 접근성을 측정하도록 하고 있다.

③ 개별 도서관의 이용자 조사 데이터를 수집할 수도 있다.

④ 다수의 도서관이 공유할 수 있는 비교 데이터 수집이 가능하다.

---

6 조합색인

ㄱ 전조합색인 : 색인을 작성할 때 조합이 이루어지는 것으로 주제명 표목이 대표적인 예이다.

ㄴ 후조합색인 : 색인어를 미리 조합하지 않고 검색 시 이용자가 조합하여 사용하는 것으로 대표적인 예로 디스크립터가 있다.

7 • 재현율 : $15/(15+5)=15/20$

• 배제율 : $70/(10+70)=70/80$

따라서 검색효율의 값은 $15/20+70/80-1=0.625 \rightarrow 62.5\%$

8 확장불리언논리 모델은 불리언논리 모델에 벡터공간 모델의 특징인 부분일치와 용어가중치를 적용한 것으로 유연성을 제공한다.

9 ④ 서명필드에서 탐색용어를 사용하는 것은 정확률을 높이기 위한 방법이다.

10 ② LibQUAL+ 척도는 도서관 서비스 품질평가를 위한 온라인 설문도구이다.

정답 및 해설 6.① 7.④ 8.② 9.④ 10.②

11 다음 글이 설명하는 것에 해당하는 것은?

> • 공유된 개념화에 대한 명시적이고 정형화된 명세서이다.
> • 개념과 관계에 대한 추론을 위한 논리적인 규칙을 명시한다.
> • 변화를 반영하고 자동적으로 업데이트를 수행하기 위한 메커니즘이다.

① taxonomy   ② folksonomy

③ ontology   ④ thesaurus

12 정보서비스 평가요소에 대한 설명으로 옳지 않은 것은?

① 경제성 평가는 비용 대 효과성, 생산성을 측정하는 것이다.

② 자원 평가는 자료, 이용자, 시설의 양과 질을 측정하는 것이다.

③ 서비스과정 평가는 제공된 서비스에 대한 만족도를 측정하는 것이다.

④ 서비스의 성과 및 산출물 평가는 제공된 해답 또는 정보의 질과 관련된 문제를 측정하는 것이다.

13 IPL(Internet Public Library)에 대한 설명으로 옳지 않은 것은?

① 1995년 미시간 대학 문헌정보학 대학원의 프로젝트로 출발하였다.

② MeL(Michigan eLibrary)과 Online Reference Collection 등과 함께 대표적인 온라인 가상 참고서가이다.

③ 대학생들 이상의 이용자들을 대상으로 하여 전문적인 내용의 정보원을 제공한다.

④ 현재는 IPL2의 이름으로 주제별 정보원, 뉴스·잡지 정보원 등 몇 개의 카테고리로 나누어 서비스하고 있다.

14 정보안내서비스(Information & Referral Service)에 대한 설명으로 옳지 않은 것은?

① 참고도구로 비책자형 자원파일보다는 책자형 참고자료에 의존하는 서비스이다.

② 지역사회의 주민들과 그들의 요구에 맞는 사회봉사기관과 연결시켜 주기도 한다.

③ 이용자에게 적절한 자료와 정보를 수록한 최신 지역정보파일을 갖고 있어야 한다.

④ 도나휴는 사회적 혜택을 받지 못하는 사람들에게 건강, 주거 등 생존에 필요로 하는 정보를 제공하는 서비스라고 정의했다.

15 OSI 7계층 참조 모델의 계층 구조를 순서대로 나열한 것은?

① 물리계층 – 데이터링크계층 – 네트워크계층 – 트랜스포트계층 – 표현계층 – 세션계층 – 응용계층

② 물리계층 – 네트워크계층 – 데이터링크계층 – 트랜스포트계층 – 세션계층 – 표현계층 – 응용계층

③ 물리계층 – 네트워크계층 – 데이터링크계층 – 트랜스포트계층 – 표현계층 – 세션계층 – 응용계층

④ 물리계층 – 데이터링크계층 – 네트워크계층 – 트랜스포트계층 – 세션계층 – 표현계층 – 응용계층

---

11 ontology는 공유된 개념화(shared conceptualization)에 대한 정형화되고 명시적인 명세(formal and explicit specification)로, 쉽게 말해 개념에 대한 설명을 자세하게 정의하고 그 개념과 연관있는 다른 개념들을 나타내어 관계를 표시하는 것을 말한다.

12 ② 자원 평가는 자료, 직원, 시설의 양과 질을 측정하는 것이다.

13 ③ IPL은 세계의 다양한 이용자들과 사서들이 즐겨찾는 가상참고서가이다.

14 ① 참고도구로 책자형 자원파일보다는 비책자형 참고자료에 의존하는 서비스이다.

15 OSI 7계층 참조 모델의 계층 구조
물리계층－데이터링크계층－네트워크계층－트랜스포트계층－세션계층－표현계층－응용계층

정답 및 해설 11.③ 12.② 13.③ 14.① 15.④

16 가상참고서가에 대한 설명으로 옳지 않은 것은?

① 모바일 기술과 인터넷 접근이 가능한 곳이면 언제 어디서나 필요한 정보에 접근할 수 있다.

② 일반참고정보원에서부터 주제분야의 참고정보원에 이르기까지 망라적으로 수록하고 있다.

③ 웹 정보의 특성상 정보의 신뢰성과 객관성이 결여될 수 있다.

④ 이용자가 참고사서에게 질문하지 않고도 스스로 접근하여 필요한 정보를 획득할 수 있다.

17 디지털 도서관의 통합검색 유형 중 메타 통합 검색에 대한 설명으로 옳지 않은 것은?

① 통합검색 대상의 데이터베이스로부터 개별 메타데이터를 수집하여 통합 메타데이터로 구축한 후 검색한다.

② 대표적인 표준이나 요소기술로 Z39.50, SRU, Web Services, Web/CGI, OpenAPI 등이 있다.

③ 검색과정 자체는 매우 단순하지만, 다양한 포맷의 메타데이터를 통합하는 작업이 복잡하고 어려울 수 있다.

④ 대표적 기법은 OAI-PMH라는 메타데이터 수확 프로토콜을 사용하는 것이다.

18 도서관 이용자교육의 질적인 평가를 위한 근거 자료가 될 수 없는 것은?

① 이용자 대상 개방형 설문

② 이용자 관찰

③ 도서관 이용 빈도

④ 심층 면담

19 Eisenberg와 Berkowitz의 Big6 모형에서 핵심 전략과 하위 절차의 연결로 옳은 것은?

① 탐색전략 수립 – 정보원의 활용 정도를 평가해 최선의 정보원 선정

② 정보의 식별과 접근 – 최종 과제물 작성

③ 정보이용 – 문제 해결에 필요한 정보 확인

④ 통합 – 적합한 정보원으로부터 필요한 정보 추출

20 자동 색인어 선정을 위한 통계적 기법에 대한 설명으로 옳지 않은 것은?

① 문헌에서 사용된 단어의 출현빈도를 계산하여 각 단어의 중요도를 측정한 후 특정 기준치에 의거하여 색인어를 선정하는 방법이다.

② 통계적 기법 중 하나인 단어빈도 방법에 의하면 고빈도와 저빈도의 단어는 색인어로 적합하지 않고 중간빈도 단어가 주제어로서 적합한 것으로 나타났다.

③ S. Jones는 전체 문헌 집단에서 특정 단어의 출현빈도가 높을수록 높은 가중치를 부여하는 통계적 기법을 제안하였다.

④ S. P. Harter가 제시한 2-포아송 분포모형은 각 문헌이 질문에 대한 답으로 적합할 확률과 부적합할 확률을 산출하여 적합할 확률이 큰 문헌을 먼저 출력한다.

---

16 ③ 인터넷 정보원에 대한 설명이다.

17 • Z39.50, SRU → 분산 검색
• Web/CGI → 웹프로그래밍기술
• OpenAPI → 웹 2.0 기술

18 ③ 도서관 이용 빈도는 양적인 평가를 위한 근거 자료이다.

19 ② 최종 과제물 작성 → 통합
③ 문제 해결에 필요한 정보 확인 → 정보의 식별과 접근(정보문제의 정의)
④ 적합한 정보원으로부터 필요한 정보 추출 → 정보이용

20 ③ S. Jones는 전체 문헌 집단에서 특정 단어의 출현빈도가 높을수록 낮은 가중치를 부여하는 통계적 기법을 제안하였다.

정답 및 해설 16.③ 17.② 18.③ 19.① 20.③

1 다음은 문헌집단 분할표이다. 아래 표를 참고하여 '배제율'을 구하시오.

	검색된 문헌	검색되지 않은 문헌
적합 문헌	30	10
부적합 문헌	30	20

① 25%
② 40%
③ 50%
④ 75%

2 메타데이터의 유형과 그 예를 옳게 짝지은 항목을 모두 고른 것은?

> ㈎ 기술적 메타데이터 – 고유식별자, 물리적 속성, 서지적 속성 등
> ㈏ 관리적 메타데이터 – 해상도, 컬러, 압축정보 등
> ㈐ 구조적 메타데이터 – 목차, 페이지, 색인 등
> ㈑ 보존 메타데이터 – 소유권자, 저작 및 배포 권한, 라이선스 정보 등

① ㈎, ㈏
② ㈎, ㈏, ㈐
③ ㈎, ㈏, ㈑
④ ㈏, ㈐, ㈑

3 시소러스와 온톨로지에 대한 설명으로 옳지 않은 것은?

① 시소러스는 특정 도메인에 한정되어 구축되며, 온톨로지는 모든 도메인을 대상으로 할 수 있다.
② 시소러스는 도메인에 사용되는 용어(어휘)를 통제하고, 용어체계를 구축하며, 용어들 간의 관계를 정의한 것이다.
③ 온톨로지는 도메인에 존재하는 실체의 속성을 파악하여 개념을 표현하며, 개념들 간 다양한 의미관계를 표현하고, 추론이 가능하도록 구성된다.
④ 시소러스는 용어 개념에 대한 속성 파악이 어렵고, 용어 간 의미 관계 표현이 단순하다.

4 다음은 정보기술에 따른 도서관의 발전단계를 표로 나타낸 것이다. 아래 표의 (㉠)에 적합한 용어를 바르게 나열한 것은?

구분	전통적 도서관	전자도서관	디지털도서관	유비쿼터스 도서관
장서	소장/오프라인	소장/오프라인/ 전자매체	소장/접근 하이브리드 디지털 정보자원	소장/접근 하이브리드 u – 정보자원
검색	카드목록	OPAC	도서관포털	u – 매체
공간	물리적 공간	물리적/전자적 공간	웹 공간	u – 플랫폼
키워드	효율적 관리	자동화, 전자화	통합, 디지털화	(㉠)

① 개인화, 자동화, 지식기반　　　　　② 자동화, 분산화, 통합

③ 분산화, 통합, 지식기반　　　　　④ 개인화, 융합, 지능화

1　$배제율 = \dfrac{검색되지\ 않은\ 부적합\ 문헌\ 수}{부적합\ 문헌\ 총수} \times 100$

따라서 $\dfrac{20}{30+20} \times 100 = 40\%$

2　메타데이터의 유형
　　㉠ 기술적 메타데이터 : 고유식별자, 물리적 · 서지적 속성 등
　　㉡ 관리적 메타데이터 : 스캐너 유형, 해상도, 컬러, 압축정보 등
　　㉢ 구조적 메타데이터 : 서명, 목차, 페이지, 색인 등
　　㉣ 보존적 메타데이터 : 디지털 자원의 이력 및 출력정보, 진본성 인증 등

3　① 시소러스와 온톨로지 모두 특정 도메인에 한정되어 구축된다.

4　정보기술에 따른 도서관의 발전단계

구분	전통적 도서관	전자도서관	디지털도서관	유비쿼터스 도서관
장서	소장/오프라인	소장/오프라인/전자 매체	소장/접근 하이브리드 디지털 정보자원	소장/접근 하이브리드 u – 정보자원
검색	카드목록	OPAC	도서관 포털	u – 매체
공간	물리적 공간	물리적/전자적 공간	웹 공간	u – 플랫폼
키워드	효율적 관리	자동화, 전자화	통합, 디지털화	개인화, 융합, 지능화

정답 및 해설 1.② 2.② 3.① 4.④

5 다음은 디지털 콘텐츠 저작권 보호기술에 대한 설명이다. ㉠과 ㉡에 들어갈 용어로 옳은 것은?

(㉠)에서는 콘텐츠 내부에 소유권자나 판매권자의 정보가 삽입되는 반면에 (㉡) 기술은 구매자의 정보가 삽입되는 것이다. 따라서 (㉡)을 이용하면 불법적으로 콘텐츠를 재분배한 구매자가 누구인지 밝혀낼 수 있기 때문에 구매자들로 하여금 불법적인 재분배를 방지할 수 있다.

① ㉠ Digital Watermarking, ㉡ Copyright Protection
② ㉠ Digital Fingerprinting, ㉡ Digital Watermarking
③ ㉠ Copyright Protection, ㉡ Digital Fingerprinting
④ ㉠ Digital Watermarking, ㉡ Digital Fingerprinting

6 다음은 레틱의 참고과정모델에서 소음발생원인과 제거과정을 그린 것이다. 설명이 옳지 않은 것은?

① 소음은 피드백을 일으키는 필수요소로 작용한다.
② 소음은 대중매개정보원의 검증되지 않은 정보원의 입수로 야기된다.
③ 피드백이 계속되면 소음은 소멸된다.
④ zl이 이용자 요구를 만족시켜 주었을 경우 참고과정은 종료하고, 그렇지 못했을 경우 피드백은 계속된다.

7 다음 〈보기〉에서 제시된 참고면담기법에 대한 설명으로 옳은 것은?

〈보기〉

대화 상대방의 퍼스널리티(personality)에 자신의 이미지를 투영하는 것을 말한다. 참고사
서가 이용자의 행동이나 말에 대한 자신의 느낌을 일치시켜 공유하는 것, 즉 이용자의 입
장이 되는 것을 말한다.

① 참고데스크에서 이용자가 스스로 탐색하다가 실패한 상황에 대해, 이용자가 방어적인 태도 때
문에 거북해 할 때 이용자를 안심시키기 위해 응용된다.

② 억양, 음색, 속도, 그리고 웃음이나 울음, 하품, 잠시 멈춤 등과 같은 언어의 보조적 수단을
통해 의사전달을 극대화시키는 기법이다.

③ 참고사서가 이용자의 질문 의도나 내용을 정확하게 파악하지 못했을 때 이용자에게 질문내용
을 다시 확인하거나 부연설명을 요구하는 기법이다.

④ 다른 사람의 이야기를 듣고 말 속에 숨은 뜻을 정확히 파악하는 기법이다.

---

5 Digital Watermarking에서는 콘텐츠 내부에 소유권자나 판매권자의 정보가 삽입되는 반면에 Digital
Fingerprinting 기술은 구매자의 정보가 삽입되는 것이다. 따라서 Digital Fingerprinting을 이용하면 불법적으로
콘텐츠를 재분배한 구매자가 누구인지 밝혀낼 수 있기 때문에 구매자들로 하여금 불법적인 재분배를 방지할 수
있다.

6 레틱의 참고과정모델에서 발생하는 소음은 의미적 소음(semantic noise)로 피드백을 일으키는 필수요소로 작용
하며 피드백이 계속되면 소멸된다.

7 ② 의사언어
  ③ 재진술
  ④ 경청

정답 및 해설 5.④ 6.② 7.①

8 참고사서에게 강조되었던 전문성의 역사적 흐름을 과거부터 시간 순으로 맞게 나열한 것은?

> (가) 정보시스템과 서비스의 설계, 정보처리 기술과 도구에 대한 지식과 능력
> (나) 최종 해답 제공 능력
> (다) 이용자 교육활동
> (라) 참고정보원에 대한 이해

① (나), (다), (라), (가) 　　　　② (다), (라), (나), (가)
③ (라), (가), (나), (다) 　　　　④ (라), (나), (가), (다)

9 이용자가 한 편의 논문을 가지고 사서에게 찾아와 관련 논문을 더 찾고 싶다고 한다. 이용자가 가져온 특정 논문을 활용하여 바로 취할 수 있는 효과적인 검색방법이 아닌 것은?

① 그 논문의 참고문헌을 Chaining한다.
② 그 논문의 해당 주제 데이터베이스를 이용하여 Citation Pearl Growing 기법을 활용한 탐색을 한다.
③ A&HCI, SSCI와 같은 인용색인데이터베이스에서 그 논문을 찾으면, 인용하거나 인용된 논문들이 제시되어 관련 논문을 찾기 용이하다.
④ 그 논문이 실린 학술잡지의 목차를 Browsing하면서 찾는다.

10 참고사서가 조사과정을 통해 얻어진 해답을 제공할 때 그 정보의 유용성에 관한 최종적인 평가가 이루어지는 것을 무엇이라 하는가?

① 재현율의 평가(recall evaluation)
② 선호도 평가(preference evaluation)
③ 적합성의 평가(pertinence evaluation)
④ 정도율 평가(precision evaluation)

11 다음 두 가지 이유로 인하여 필요한 정보서비스이론은 어느 것인가?

> • 정보화 사회에서 정보활용방법을 습득하는 요구는 과거에 비해 강해진다.
> • 새로운 전자매체 출현으로 정보량과 입수채널이 확대되고 다양화되고 있다.

① 정보관리이론　　　　　　　　② 교육이론
③ 자유이론　　　　　　　　　　④ 중도이론

---

8 참고사서에게 요구되는 전문성의 흐름 변화 … 이용자 교육활동(1900년대 초반) → 참고정보원에 대한 이해 → 최종 해답 제공 능력 → 정보시스템과 서비스의 설계, 정보처리 기술과 도구에 대한 지식과 능력(조사분석가, 정보중개 자로서의 전문성)

9 특정 자료로 관련 자료를 탐색하는 효과적 검색방법
　㉠ 목록이용 : 특정 자료의 목록을 이용하여 분류기호나 주제명 등으로 재탐색
　㉡ 색인이용 : 색인지, 초록지 등을 활용하여 관련 범위 자료를 탐색
　㉢ 인용문헌 이용 : 인용색인데이터베이스 등을 통해 인용문헌을 확장 탐색
　㉣ 특정 어휘 이용 : 전문용어나 고유명사 등 특정 어휘를 바탕으로 확장 탐색

10 적합성의 평가 … 참고사서가 조사과정을 통해 얻어진 해답을 제공할 때 그 정보의 유용성에 관한 이용자의 최종적 평가로 이용자가 만족하지 않을 경우 이용자의 정보요구단계로 되돌아가야 한다.

11 정보화 사회가 도래하면서 이용자의 정보이용능력(Information Literacy)을 향상시키기 위한 교육을 강조하는 관점이다.

정답 및 해설 8.② 9.④ 10.③ 11.②

12 협력형 디지털 정보서비스(Collaborative Digital Reference Service)에 대한 장점에 속하지 않는 것은?

① 각 도서관 정보전문가의 전문성과 능력을 최대한 활용할 수 있다.

② 참고자료를 최대한 활용할 수 있으며, 국내외 네트워크를 형성할 수 있다.

③ 기술방식이 표준화되어 있기 때문에 참고담당 사서업무가 경감되는 효과가 있다.

④ 디지털 정보서비스를 제공하는 시간을 연장할 수 있다.

13 도서관 교육의 교육모델에 대한 설명 중 옳은 것은?

① 팀 교육형 교육 : 정보이용 기술이 한 교과목의 목표 중 일부가 되며, 해당 주제 분야의 지식과 정보를 탐색하고 활용하는 데 꼭 필요한 교육프로그램으로 이루어진다.

② 교과목 통합형 교육 : 사서와 교수가 공동으로 교육내용과 방법을 계획, 실시, 평가하는 방법이다.

③ 교과목 연계형 교육 : 학부 수준의 특정 교과목에서 이루어지고 있는 학습활동으로 최소한 교과목 통합형이나 독립 교과목으로 운영될 때 가능한 방안이다.

④ 독립 교과목형 교육 : 그 기관의 교육과정의 일부로서 교육자(사서 또는 교수)가 과목 전체에 걸쳐 책임을 지고 가르치는 교과목이며, 학점이 부여되기도 한다.

14 정보서비스 평가 요소에 해당하지 않는 것은?

① 접근성 요소(예 : 이용자가 가능한 한 직접 볼 수 있도록 하는가 등)

② 관심 요소(예 : 이용자와 눈을 마주치는가 등)

③ 전략적 요소(예 : 협력자로서 품위를 유지하는가 등)

④ 추적 요소(예 : 해답이 만족스러운지 이용자에게 확인하는가 등)

15 이용자 교육방법 가운데 강의식 교육의 장점에 해당하지 않는 것은?

① 학습자와 교육자 간의 피드백이 가능하다.

② 다른 교육방법과 수단들을 병행할 수 있다.

③ 학습자의 필요에 따라 교육의 진도를 자유롭게 조절할 수 있다.

④ 경제적이고 융통성이 있다.

---

12 협력형 디지털 정보서비스(CDRS)의 장점
 ㉠ 각 도서관 정보전문가의 전문성과 능력을 최대한 활용할 수 있다.
 ㉡ 참고자료를 최대한 활용할 수 있으며, 국내외 네트워크를 형성할 수 있다.
 ㉢ 디지털 정보서비스를 제공하는 시간을 연장할 수 있다.

13 ① 교과목 통합형 교육에 대한 설명이다.
 ②③ 팀 교육형 교육에 대한 설명이다.
 ※ 도서관 교육의 교육모델
  ㉠ 오리엔테이션
  ㉡ 교과목 연계형 교육
  ㉢ 교과목 통합형 교육
  ㉣ 독립 교과목형 교육
  ㉤ 팀 교육형 교육

14 정보서비스 평가 요소
 ㉠ 접근성 요소
 ㉡ 관심 요소
 ㉢ 질문 요소(질문듣기, 질문하기)
 ㉣ 탐색 요소
 ㉤ 추적 요소

15 ③ CAI 교육의 장점이다.

정답 및 해설 12.③ 13.④ 14.③ 15.③

16 참고면담 시 활용되는 중립형 질문의 장점이 아닌 것은?

① 사서가 유용하다고 판단한 자료를 이용자가 적합하다고 판단하지 않을 때 활용하기에는 적절하지 않다.

② 사서로 하여금 정보요구가 발생한 상황을 이해하는 데 도움을 준다.

③ 사서가 자신의 경험을 바탕으로 이용자의 요구에 대해 너무 일찍 부정확한 결론에 도달하는 것을 피하도록 돕는다.

④ 직접적인 질문이 이용자의 기분을 상하게 할 때 사용할 수 있다.

17 다음 자료 유형 중 이차자료(Secondary Sources)에 속하지 않는 것은?

① 초록지　　　　　　　　　　　② 학술지

③ 서지　　　　　　　　　　　　④ 목록

18 비공식 정보원에 대한 설명 중 옳지 않은 것은?

① 이용자가 바로 사용할 수 있도록 미리 정제된 정보를 제공받을 수 있다.

② 공식적인 채널로 유통시키기에 민감하거나 사적인 정보들을 교환할 수 있어서 세부적이고 구체적인 정보를 얻을 수 있다.

③ 비공식 정보원은 신뢰성과 객관성을 입증할 수 있다.

④ 연구자들 간의 대화를 통해 연구주제와 방법 및 연구 단계에 대한 정보들 중 필요한 정보들만을 직접 선택할 수 있다.

19 멜빌 듀이(Melvil Dewey)의 업적이 아닌 것은?

① 뉴욕도서관협회 창설

② 십진분류법(Dewey Decimal Classification : DDC)의 창안

③ 미국도서관협회(American Library Association : ALA) 창설

④ 목록규칙(Anglo – American Cataloging Rules : AACR)의 고안

20 인터넷 주소가 바뀌어도 이용자가 콘텐츠를 찾을 수 있도록 디지털객체에 부여되는 고유번호의 명칭은 무엇인가?

① DOI   ② ISI

③ SCI   ④ OED

---

16 중립형 질문은 참고면담 초기 사서가 이용자의 방식으로 질문을 이해하도록 하는 것에 가장 효과적이지만 참고면담 후기 사서가 유용하다고 판단한 자료를 이용자가 적합하다고 판단하지 않을 때 활용할 수도 있다.

17 학술지, 신문, 잡지 등의 연속간행물은 1차자료에 해당한다.

18 ③ 비공식 정보원은 공식적 정보원에 비해 신뢰성과 객관성이 입증되지 않았다는 단점이 있다.

19 ④ 영미목록규칙은 1961년 국제 도서관협회연맹(IFLA)이 개최한 국제목록원칙회의를 시작으로 1967년 미국도서관협회, 미국의회도서관, 영국도서관협회, 캐나다도서관협회 등 4개 기관이 협력하여 영미목록규칙 제1판(AACR)을 발간하였다.

20 DOI(Digital Object Identifier) … 디지털 콘텐츠에 부여하는 식별자로 디지털 환경에서 콘텐츠 생산 및 유통, 이용을 활성화하기 위한 기술이다.

정답 및 해설 16.① 17.② 18.③ 19.④ 20.①

1 메건 윈젯(Megan Winget)이 제시한 도서관, 기록관, 박물관의 기능을 복합적으로 수행하는 통합형수집기관은?

① 정보광장   ② 라이브러리파크

③ 스마트도서관   ④ 라키비움

2 문헌정보학 분야의 이론과 주창자의 연결이 옳은 것은?

① 서지결합법(Citation Coupling) – 무어스(Mooers)

② 최소노력의 법칙(Principle of Least Effort) – 지프(Zipf)

③ 인용집중의 법칙(Law of Concentration) – 브래드포드(Bradford)

④ 동시인용분석기법(Cocitation Analysis) – 케슬러(Kessler)

3 정보원 중에서 1차정보로 옳지 않은 것은?

① 투고 전에 연구자에게 비공식적으로 배포된 출판전 배포기사

② 학습용으로 제작된 CD – ROM판 백과사전

③ 레터(letter)를 전문으로 발행하는 레터지

④ 편집 위원의 심사를 거쳐 수정 게재된 학술잡지 기사

4 단어 A를 이용한 정보탐색 결과가 만족스럽지 않을 때, 재현율 향상을 위한 재탐색 방법으로 옳지 않은 것은?

① 단어 A를 절단하여 재탐색하였다.

② A OR B로 재탐색하였다. (단, 단어 B는 단어 A와 동의어이다)

③ 다른 데이터베이스를 이용하여 재탐색하였다.

④ WITH 연산자를 이용하여 재탐색하였다.

---

1 라키비움(Larchiveum) … 미국 텍사스대학의 메건 윈젯(Megan Winget)이 제시한 복합문화기관으로 도서관, 기록관, 박물관 등의 기능을 복합적으로 수행하는 통합형수집기관을 지칭한다.

2 ① 서지결합법 – 케슬러
   ③ 인용집중의 법칙 – 가필드
   ④ 동시인용분석기법 – 스몰

3 ② 사전, 백과사전, 연감 등은 2차정보에 해당한다.

4 재현율 향상을 위해서는 OR을 이용하여 탐색하는 것이 좋으며 인접연산기호의 엄격한 사용을 자제해야 한다.

5 대학이나 연구기관에서 생산한 학술정보를 공개적으로 수집·저장하여 학내외 이용자들에게 무료로 제공하는 디지털 아카이브는?

① 기관 리포지토리(Institutional Repository)
② 가상참고서가(Virtual Reference Shelves)
③ 자원 파일(Resources File)
④ 패스파인더(Pathfinder)

6 레틱(Rettig)의 커뮤니케이션 모델에 대한 설명으로 옳지 않은 것은?

① 이용자가 사서에게 질문함으로써 커뮤니케이션이 시작된다.
② 질문과 피드백의 횟수가 늘어날수록 전달의 효용성이 증가한다.
③ 의미적 소음은 피드백을 일으키는 요소로 작용한다.
④ 바브렉(Vavrek)의 커뮤니케이션 모델 개발에 영향을 주었다.

7 다음 그림이 의미하는 정보탐색 전략은? (단, 음영부분이 탐색결과이다)

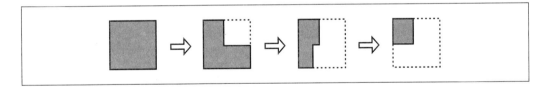

① 최소 자료 패싯 우선 전략(lowest posting facet first)
② 인용문헌 확대 탐색 전략(citation pearl growing)
③ 점진 분할 전략(successive fraction)
④ 특정 패싯 우선 전략(most specific facet first)

8 디지털 정보서비스에 대한 설명으로 옳지 않은 것은?

① 웹 폼(web-form) 방식은 질문내용뿐만 아니라 이용자 정보도 파악할 수 있다.

② 화상회의시스템은 사서와 이용자가 음성이나 문자를 이용하여 실시간으로 대화가 이루어지며, 일대 일 또는 일대 다수를 위한 서비스에 사용될 수 있다.

③ 'Qwidget'은 사서와 이용자가 동일한 웹 페이지를 공유하면서 상담할 수 있는 기술이다.

④ '24/7 Reference' 소프트웨어는 채팅정보서비스와 관련이 있다.

---

5 Open Access 디지털 아카이브
   ⓐ 골드로드 : 오픈 액세스 잡지(Open Access Journal)
   ⓑ 그린로드 : 셀프 아카이빙
   • 저자 셀프 아카이빙
   • 기관 리포지토리

6 ④ 레틱의 커뮤니케이션 모델은 바브렉의 커뮤니케이션 모델의 단점을 개선·보완하여 개발한 것이다.

7 점진 분할 전략 … 검색할 주제가 광범위하고 불분명할 때 효과적이다. 탐색 결과에 특정 조건을 부여하여 점차 수를 줄여가는 방법으로, 탐색 결과가 유용하나 그 양을 줄일 수 있거나 주제접근이 불가능할 경우 사용한다.

8 Qwidget … 이용자의 질문이 접수되면 전문사서가 1 : 1로 실시간으로 답을 제공하는 디지털 정보서비스이다.
   ③ 사서와 이용자가 동일한 웹 페이지를 공유하면서 상담할 수 있는 기술은 co-browsing 이다.

정답 및 해설 5.① 6.④ 7.③ 8.③

9 참고면담에서 비언어적 기법 중 신체언어의 적용사례로 옳은 것은?

① 참고사서는 면담 시 이용자에게 친근감을 보이기 위해 일정한 거리를 유지해야 한다.

② 참고사서는 이용자를 반기고, 그에게 관심을 기울이고 있음을 표정으로 나타내어야 한다.

③ 참고사서는 억양이나 음색을 효율적으로 사용하여 이용자의 자유로운 질문표현을 유도해야 한다.

④ 참고사서는 의복, 화장 등이 이용자와 커뮤니케이션에 영향을 미칠 수 있기 때문에 주의해야 한다.

10 OCLC에서 제공하는 서비스가 아닌 것은?

① Gold Rush
② Dewey Services
③ QuestionPoint
④ WorldCat

11 다음 설명에 해당하는 것은?

- 기관이나 개인이 필요한 소프트웨어나 하드웨어를 구입하지 않고, 필요할 경우 인터넷 상에서 이용 가능한 어플리케이션 및 기타 IT 서비스를 비용을 지불하고 이용한다.
- 정보유틸리티, 플랫폼으로서의 인터넷 등의 용어로 사용되기도 한다.

① 클라우드 컴퓨팅
② 오픈소스
③ 유비쿼터스 컴퓨팅
④ 시멘틱 웹

12 정보서비스의 평가기법이 아닌 것은?

① 문헌전달력 테스트법
② 공개적인 관찰법
③ 사용성 평가법
④ 비용분석법

13 인용색인에 대한 설명으로 옳지 않은 것은?

① 인용색인은 선별된 학술지 문헌에 수록된 인용문헌과 피인용문헌의 서지정보를 수록하고 있다.

② 'Web of Science'를 통해 SCI Expanded와 SSCI의 인용정보를 제공받을 수 있다.

③ 인용색인의 편집은 기계색인방법에 적합한 것으로 알려져 있다.

④ 인용색인의 효시는 1963년에 가필드(Garfield)가 출판한 SCI이다.

14 시소러스에서 계층관계를 표시하는 기호가 아닌 것은?

① NTP   ② BTI

③ SN   ④ TT

---

9 ① 공간적 행위
   ③ 의사언어
   ④ 가공적 행위

10 ① 전자저널관리시스템 Gold Rush는 CARL(The Colorado Alliance of Research Libraries)에서 제공하는 서비스이다.

11 제시된 내용은 클라우드 컴퓨팅에 대한 설명이다.

12 정보서비스의 평가기법에는 통계, 관찰, 면담, 설문조사, 사례연구, 자기평가 외에 비용분석, PPBS, 실패분석, 문헌전달력 테스트 등의 기타 평가기법 등이 있다.

13 ④ 인용색인의 효시는 1873년 '법률정보인용집(Shepard's Citations)'이다.

14 ③ SN(Scope Note) : 동음이의어에서 우선어와 사용범위를 기술
   ① 하위 ② 상위 ④ 최상위

정답 및 해설 9.② 10.① 11.① 12.③ 13.④ 14.③

15 다음에서 설명하는 정보서비스의 직접적 기능은?

> 참고사서가 색인지, 목록 등을 이용하여 출판물에 대한 사실정보를 제공하는 서비스로서 이용자가 탐색하고자 하는 출판물에 대한 정보가 완전하지 않은 경우에 유용하다.

① 정보중개서비스   ② 서지정보 확인

③ 상호대차서비스   ④ 참고정보원의 개발과 구성

16 정보활용능력(Information Literacy)에 대한 설명으로 옳은 것은?

① 도일(Doyle)은 정보활용능력의 다양한 양상을 우산살로 설명하였다.

② 정보활용능력의 일반적인 평가기준은 적절성, 적시성, 권위, 적용범위, 정확성이다.

③ Big6 모형은 정보문제 해결을 위한 처리과정 모형으로서 실제 학습상황에서 학생들의 연령에 따라 정보활용능력을 가르치는 방법이다.

④ 평생학습과 독립적 학습은 정보활용능력을 위한 전제조건이다.

17 디지털도서관 운영에 필요한 표준화 적용영역과 표준의 연결이 옳지 않은 것은?

표준화 적용영역	표준
① 이용통계	COUNTER
② 통합검색 프로토콜	OAI – PMH
③ 식별체계	OpenURL
④ 콘텐츠 배포	ZING

18 다음 ㉠~㉣의 설명과 참고정보원의 연결이 옳지 않은 것은?

㉠ 영어판 참고자료의 평가와 선택을 위한 서평지이다.
㉡ 현존하는 주요 인물에 대한 정보를 탐색할 수 있다.
㉢ 회의나 세미나의 개최 정보와 회의록의 서명, 출판사, 가격정보 등을 탐색할 수 있다.
㉣ 미국의 특정 지역 및 도시에 대한 정보를 탐색할 수 있다.

① ㉠ – Book Review Digest

② ㉡ – World Who's Who

③ ㉢ – InterDok

④ ㉣ – U.S. Gazetteer

---

15 서지정보의 확인은 이용자가 알고 있는 서지정보의 내용에 대한 확인 및 불완전한 서지정보를 보완하는 기능을 한다. 주로 색인지, 목록 등을 이용하여 이용자가 알고 있는 서지정보의 내용과 대조확인한다.

16 ① 정보활용능력의 다양한 양상을 우산살로 설명한 사람은 브레이빅(Breivik)이다.
② 적절성, 적시성, 권위, 적용범위, 정확성은 여러 정보원에 수록된 정보를 평가하기 위한 일반적인 평가기준이다.
④ 평생학습과 독립적 학습은 정보문해능력과 관련된다.

17 ④ 콘텐츠 배포의 표준은 RSS이다.

18 ① Book Review Digest는 서평색인이다.

정답 및 해설 15.② 16.③ 17.④ 18.①

19 역문헌빈도(Inverse Document Frequency)에 대한 설명으로 옳은 것은?

① 기준치빈도를 정한 후 기준치빈도 이상 출현한 단어들을 색인어로 선정하는 것이다.

② 특정 단어가 각각의 문헌에 출현하는 빈도수이다.

③ 어떤 용어를 포함하고 있는 집합 내의 문헌의 수에 의거하여 가중치를 부여하는 것이다.

④ 단어가 색인어로 부여되기 이전과 부여된 이후의 문헌 간의 평균유사도 차이를 측정하는 것이다.

20 통제어 색인에 대한 설명으로 옳은 것은?

① 용어에 대한 신뢰성이 높다.

② 정확률을 높이는 데 유용하다.

③ 발췌색인(extraction index)이라고도 한다.

④ 새로운 개념에 대한 표현이 용이하다.

19 ① 단순빈도에 의한 가중치 기법에 대한 설명이다.
② 문헌빈도에 대한 설명이다.
④ 문헌분리값에 대한 설명이다.

20 ②③④ 자연어 색인과 관련된 설명이다.

1 참고면담 과정 중 사서가 질문자의 입장에서 질문의 발생 배경을 알아내기 위한 것으로 더빈 (Brenda Dervin)의 의미형성이론(sense-making theory)에 근거한 질문 유형은?

① 개방형 질문
② 폐쇄형 질문
③ 부과형 질문
④ 중립형 질문

2 컴퓨터 공학 관련 학술지와 학술회의자료를 제공하는 전자정보원은?

① ACM Portal
② AGRICOLA
③ ERIC
④ MEDLINE

3 다음 설명에 해당하는 서비스는?

> 도서관 이용자와 외부 정보자원 사이를 연결시켜 주는 서비스로 취업, 문화행사, 건강, 취미, 자기계발 등의 실용정보 위주로 제공되는 서비스다.

① 정보중개(information broker) 서비스
② 맞춤정보(SDI) 서비스
③ 정보안내(information and referral) 서비스
④ 정보중재(information mediator) 서비스

4 특정 영역의 객체에 대한 고유의 식별자(identifier)가 아닌 것은?

① KCI   ② DOI
③ ISBN   ④ ISMN

5 참고정보원의 평가 기준에 대한 설명으로 옳지 않은 것은?

① 목적 및 수록 범위는 참고정보원의 서문에서 대부분 확인할 수 있다.
② 배열은 기술의 정확성, 객관성, 표현 형식을 말한다.
③ 최신성은 타임 래그(time-lag), 개정 빈도와 관계 있다.
④ 권위는 출판사의 명성과 참고문헌 및 서명(署名)의 유무 관점에서 평가된다.

---

1 중립형 질문 … 사서가 질문자의 입장에서 질문의 배경을 알아내기 위한 것으로 질문자의 질문에 대한 성급한 판단을 방지하며 개방형 질문에 대한 이용자의 답을 통제할 수 있다.

2 ① ACM Portal : 컴퓨터 공학
② AGRICOLA : 농업
③ ERIC : 교육
④ MEDLINE : 의학

3 제시된 내용은 정보안내 서비스에 대한 설명이다.

4 ① KCI는 국내 학술지에 대한 서지정보 및 인용정보, 각종 통계정보를 제공한다.

5 ② 기술의 정확성, 객관성, 표현 형식은 취급에 대한 설명이다. 배열은 적절성, 유용성 등과 관련 있다.

6 메타데이터 스키마(스킴)와 대상의 연결이 옳은 것은?

① EAD – 예술품

② ONIX – 전자책

③ VRA Core – 음성 레코드

④ CDWA – 지도자료

7 정보서비스의 평가 방법에 대한 설명으로 옳은 것은?

① 비밀조사법에서의 질문은 즉답형이나 서지형과 같은 일부 유형으로 제한된다.

② 공개조사법은 사서가 수립한 탐색 전략을 파악하기 어렵다.

③ 미시평가는 한 시스템이 얼마나 질 운영되고 있는가를 측정하는 방식이다.

④ 자기평가는 절차가 간단하나 비용면에서는 비경제적인 방법이다.

8 디지털 도서관 운영 체제의 구성 요소에 대한 설명으로 옳지 않은 것은?

① 디지털 장서관리는 디지털 장서의 개발 정책, 선정 및 수집, 평가 등을 포함한다.

② 정보서비스는 자원탐색 기능과 부가서비스 기능으로 구성되며, 이용자 중심의 접근이 중요하다.

③ 디지털 객체관리에는 검색엔진, 메타 변환기, 다국어 처리기가 포함된다.

④ 메타데이터 관리는 디지털 장서의 상호운용성 처리 등의 영역과 관련이 있다.

9 여러 개의 문헌이 공통 인용문헌을 하나 이상 갖고 있을 때 이 문헌들이 주제적으로 서로 관련 있다고 보는 기법은?

① 주제영향척도법

② 즉시인용지수법

③ 동시인용법

④ 서지결합법

10 다음 특징을 갖는 자동색인기법은?

> - 언어학적 처리가 불필요하다.
> - 다중 언어 처리를 필요로 하는 상황에 적합하다.
> - 텍스트에 출현한 단어들의 철자 오류를 수용할 수 있다.
> - 복합명사 띄어쓰기에 관한 문제를 완화시킨다.

① 형태소분석기법 ② N-gram기법
③ 구문분석기법 ④ 문헌구조적 기법

---

6 ② ONIX(ONline Information eXchange) - 출판유통
① EAD(Encoded Archival Description) - 기록물
③ VRA(Visual Resource Association) Core - 박물관, 미술관
④ CDWA(Categories for the Description of Works of Art) - 박물관, 미술관

7 ② 공개조사법은 사서가 수립한 탐색 전략을 파악하기 쉽다.
③ 거시평가는 한 시스템이 얼마나 잘 운영되고 있는가를 측정하는 방식이다.
④ 자기평가는 절차가 간단하며, 비용면에서 경제적인 방법이다.

8 ③ 디지털 객체관리에는 모델링, 유형관리, 포맷관리, 워크플로우 관리, 평가 및 보존이 포함된다. 검색엔진, 메타 변환기, 다국어 처리기는 요소기술관리에 포함된다.

9 서지결합법 … 1963년 Kessler가 제시한 이론으로 여러 개의 문헌이 공통 인용문헌을 하나 이상 갖고 있을 때 이 문헌들이 주제적으로 서로 관련 있다고 보는 기법이다.

10 N-gram기법
㉠ 형태소 분석이나 불용어 제거 등 언어학적 처리가 불필요하다.
㉡ 특정 언어에 의존적이지 않은 특성이 있어 다중 언어 처리를 필요로 하는 상황에 적합하다.
㉢ 텍스트에 출현한 단어들의 철자 오류를 수용할 수 있다.
㉣ 복합명사 띄어쓰기에 관한 문제를 완화시킨다.

정답 및 해설 6.② 7.① 8.③ 9.④ 10.②

11 이용자교육의 유형 중 서비스 현장교육(point-of-use instruction)에 대한 설명으로 옳지 않은 것은?

① 정보서비스 형성 초기의 초보적인 교육 형태이다.

② 단체 교육으로 이루어지기 때문에 교육의 효과가 낮은 교육 형태이다.

③ 특정 문제의 해결에 필요한 지식과 기술이 구두로 이루어지는 교육 형태이다.

④ 이용자의 요청에 의해 참고사서가 일상적으로 수행하는 교육 형태이다.

12 이용자가 제시한 질문의 유형과 참고정보원의 연결이 옳지 않은 것은?

① 언어에 관한 질문 – 「Merriam-Webster's Collegiate Dictionary」, 「Roget's International Thesaurus」

② 최신의 정보에 관한 질문 – 「Familiar Quotations」, 「World Book of Encyclopedia」

③ 지리에 관한 질문 – 「Hammond Medallion World Atlas」, 「Columbia Gazetteer of the World」

④ 인물에 관한 질문 – 「Current Biography」, 「Biography Index」

13 정보공유공간(information commons)에 대한 설명으로 옳지 않은 것은?

① 정보리터러시와 정보레퍼런스 등 다양한 정보서비스를 정보전문가로부터 제공받을 수 있는 공간이다.

② 도서관, 기록관, 박물관의 기능이 통합된 공간이다.

③ 다양한 멀티미디어를 활용할 수 있는 미디어 공간이다.

④ 최첨단 시설이 완비된 디지털 러닝 공간이다.

14 원문의 가공 방법에 따라 정보원을 구분할 때 2차 자료로만 묶인 것은?

① 서지, 초록, 색인

② 학술회의자료, 편람, 비평기사

③ 특허, 목록, 해제

④ 표준과 규격, 학위논문, 문헌안내

15 주요 인용색인 중 과학기술 분야, 사회과학 분야, 인문학 분야의 인용색인이 순서대로 바르게 나열된 것은?

① SCI − SSCI − A&HCI

② KSCI − A&HCI − SSCI

③ KSCI − SCOPUS − SSCI

④ SCI − A&HCI − SCOPUS

16 디지털 도서관 운영을 위한 표준과 적용 영역의 연결이 옳지 않은 것은?

① HTTP, SOAP − 웹 프로토콜

② OWL, RDF − 시멘틱 웹

③ LDAP, Shibboleth − 이용자 인증

④ ASCII, UNICODE − 식별 체계

---

11 ② 서비스 현장교육은 개별 교육으로 이루어지기 때문에 교육의 효과가 높은 교육형태이다.

12 ② Familiar Quotations − 인용서, World Book of Encyclopedia − 청소년용 백과사전
※ 최신의 정보에 관한 질문에 적절한 참고정보원은 Current Contents Connect, OCLC ArticleFirst 등이 있다.

13 ② 복합문화공간인 라키비움(Larchiveum)에 대한 설명이다.

14 ② 학술회의자료 − 1차 / 편람, 비평기사 − 2차
③ 특허−1차 / 목록, 해제 − 2차
④ 표준과 규격, 학위논문 − 1차 / 문헌안내 − 2차

15 Thomson Scientific/ISI 주요 인용색인
㉠ SCI(Science Citation Index expended) : 과학기술 분야
㉡ SSCI(Social Science Citation Index) : 사회과학 분야
㉢ A & HCI(Arts & Humanities Citation Index) : 인문, 예술 분야
㉣ IC(Index Chemicus) : 최신 화합물 정보
㉤ CCR(Current Chemical Reactions) : 최신 화학 반응 정보

16 ④ ASCII, UNICODE − 문자코드, DOI, OpenURL − 식별 체계

정답 및 해설　11.②　12.②　13.②　14.①　15.①　16.④

17 정보검색 방법 중 브라우징 검색에 대한 설명으로 옳지 않은 것은?

① 브라우징 검색은 특정한 용어로 검색하지 않으며, 검색시스템에서 제공하는 방식대로 따라가면서 정보를 검색한다.

② 검색시스템은 브라우징 검색을 위하여 문헌들을 디렉토리나 카테고리 등 특정한 분류체계로 분류한다.

③ 브라우징 검색은 정보검색의 환경이나 상황에 많이 의존하는 비공식적이고 발견적인 검색전략이다.

④ 브라우징 검색은 이용자가 무엇을 찾을지 명확하게 알고 있을 때 효과적인 방법이다.

18 SRW/SRU에 대한 설명으로 옳지 않은 것은?

① Z39.50에서 발전한 프로토콜이다.

② 웹 서비스와 URL 서비스를 위한 검색 프로토콜이다.

③ SRW/SRU 표준은 IFLA/UNESCO에서 공표되었다.

④ 인터넷탐색 질의 및 응답 구조의 표준 형식을 정의한다.

19 「대한민국 국가서지」에 대한 설명으로 옳은 것은?

① 국립중앙도서관에 납본된 자료만을 대상으로 한다.

② 국립중앙도서관 홈페이지에서 웹 브라우징 형태로 이용 가능하다.

③ 이전 명칭은 「납본주보」이다.

④ 점자자료와 비도서자료는 포함되지 않는다.

20 사용자와 웹 사이트를 연결해 주는 정보로 클라이언트가 나중에 해당 사이트에 접속하려고 할 때 클라이언트의 신분을 알 수 있게 해 주는 것은?

① RFID

② DAISY

③ TCP/IP

④ COOKIE

---

17 ④ 이용자가 무엇을 찾을지 명확하게 알고 있을 때 효과적인 방법은 탐색이다. 브라우징 검색은 주제가 명확히 정의되지 않았을 때 정보를 얻기 위하여 사용한다.

18 ③ SRW/SRU 표준은 Library of Congress에서 공표되었다.

19 ① 국립중앙도서관에 납본된 자료와 공공도서관, 대학도서관, 전문도서관 종합목록 등록자료 중 국립중앙도서관에 미납본된 자료를 대상으로 한다.
③ 대한민국 국가서지는 연간, 납본 주보는 주간으로 발행한다.
④ 매년 DVD로도 발간된다.

20 COOKIE … 사용자와 웹 사이트를 연결해 주는 정보로 클라이언트가 나중에 해당 사이트에 접속하려고 할 때 클라이언트의 신분을 알 수 있게 해 준다.

정답 및 해설 17.④ 18.③ 19.② 20.④

1 다음 〈보기〉에서 설명하는 새로운 형태의 도서관은?

〈보기〉

- 전통적 도서관의 프로그램과 공간구성을 탈피하여 새롭게 등장하였다.
- 도서관, 미술관, 극장, 교육시설 등 복합 프로그램을 수용하는 접근 중심의 시설을 일컫는다.
- 프랑스 깡브레(Cambrai)시의 시립도서관에서 공식적으로 그 명칭을 사용하기 시작하였다.

---

① 라키비움
② 라이브러리파크
③ 미디어테크
④ 스마트도서관

2 다음 중 조합색인을 창안하고 유니텀(uniterm)시스템에 불리언 논리를 결합시킨 인물은?

① Mortimer Taube
② Hans Peter Luhn
③ Calvin N. Mooers
④ Gerard Salton

3 택소노미(taxonomy)와 폭소노미(folksonomy)의 특징을 설명한 것으로 가장 옳은 것은?

① 택소노미는 동위 계열 간에 배타적인 성격을 나타내지만 폭소노미는 배타적이지 않다.
② 택소노미는 비계층적인 구조이고 폭소노미는 위계적인 구조를 가진다.
③ 택소노미는 신생 주제의 삽입이 용이하나 폭소노미는 신생 주제의 삽입이 어렵다.
④ 택소노미는 검색의 재현율을 제고하고 폭소노미는 검색의 정확률을 제고한다.

1 제시된 내용은 미디어테크에 대한 설명이다.

① **라키비움(Larchiveum)**: 일반적인 도서관과는 달리, 도서관(Library), 기록관(Archives), 박물관(Museum)의 복합적인 정보자원을 제공하는 통합형 정보 제공기관을 의미한다.

② **라이브러리파크**: 도서관공원이 유기적으로 연결돼 도서관 근처를 산책하거나 도서관 안에서 책을 읽으며 공원경관을 즐길 수 있는 공간을 말한다.

④ **스마트도서관**: 언제, 어디서나 독서생활을 즐길 수 있도록 유비쿼터스 모바일 서비스와 생활밀착형 무인도서관 시스템 등을 접목시킨 새로운 개념의 도서관 서비스를 말한다.

2 조합색인을 창안하고 유니텀시스템에 불리언 논리를 결합시킨 인물은 Mortimer Taube이다.

② **Hans Peter Luhn**: 정보 검색의 아버지, 표제어가 문맥에 포함된 채 배열된 색인(KWIC) 개발, 정보 선택 제공(SDI), 완전 텍스트 프로세싱, 자동 발췌(요약), 단어 시소로스의 최초 현대식 사용

③ **Calvin N. Mooers**: TRAC 프로그래밍 언어 및 상표법과 저작권의 고유한 호출을 사용하여 배포 및 개발

④ **Gerard Salton**: SMART, 벡터공간모델, 용어가중치, 적합성피드백, 클러스터링, 확장불리언 검색, 용어문헌 분리가, 자동텍스트처리 등

3 폭소노미(folksonomy)는 표준화되고 체계적으로 분류된 택소노미(taxonomy)와는 달리 무작위로 만들어져 있는 텍스트를 뜻한다.

② 폭소노미는 비계층적인 구조이고 택소노미는 위계적인 구조를 가진다.

③ 폭소노미는 신생 주제의 삽입이 용이하나 택소노미는 신생 주제의 삽입이 어렵다.

④ 폭소노미는 검색의 재현율을 제고하고 택소노미는 검색의 정확률을 제고한다.

정답 및 해설 1.③ 2.① 3.①

4 다음 〈보기〉의 참고면담 기법 중 비언어적 면담기법 유형을 모두 고르면?

〈보기〉

ㄱ 감정이입　　　　　　　　　　　ㄴ 신체언어
ㄷ 의사언어　　　　　　　　　　　ㄹ 경청

① ㄱ, ㄴ

② ㄴ, ㄷ

③ ㄱ, ㄴ, ㄷ

④ ㄱ, ㄷ, ㄹ

5 MIT 대학도서관과 HP가 공동으로 개발한 대표적인 기관형 디지털 레파지토리 시스템으로, 대학 구성원들이 생산한 연구 및 강의 콘텐츠를 관리할 수 있는 오픈소스 소프트웨어는?

① Fedora

② DCollection

③ ePrints

④ DSpace

6 영역별 표준 메타데이터 스키마와 대상 영역을 연결한 것으로 옳지 않은 것은?

① 교육 – LOM, SCORM

② 에이전트 – vCard, FOAF

③ 박물관, 미술관 – VRA, CDWA

④ 출판유통 – GILS, CSDGM

7 다음 〈보기〉 중 유일성을 지닌 특정 정보를 수많은 다른 정보로부터 구별할 수 있도록 하는 정보의 외적 특성만을 모두 고르면?

㉠ 저자	㉡ 제목
㉢ 출판자	㉣ 본문
㉤ 링크	㉥ 앵커 텍스트
㉦ 주제명	㉧ 분류번호

〈보기〉

① ㉠, ㉡, ㉢
② ㉠, ㉡, ㉢, ㉣
③ ㉠, ㉡, ㉢, ㉣, ㉤, ㉥
④ ㉠, ㉡, ㉢, ㉣, ㉤, ㉥, ㉦, ㉧

---

4 참고면담 기법
  ㉠ 언어적 기법
   • 감정이입
   • 경청
   • 개방적 질문
  ㉡ 비언어적 기법
   • 신체언어 : 표정, 응시, 제스처와 자세
   • 공간적 행위
   • 의사언어

5 DSpace … 2002년 매사추세츠 주 케임브리지의 MIT와 HP 연구소 개발자들의 협력에 의해 공동으로 개발한 무료공개 소프트웨어이다. MIT의 논문, 회의자료, 이미지, 동료 간의 리뷰 자료, 기술보고서, 연구 중인 자료 등에 대한 저장, 공유, 검색을 위해 만들어졌다.

6 • GILS(Government Information Locator Service) 정부자료
   • CSDGM 지형공간자료

7 유일성을 지닌 특정 정보를 수많은 다른 정보로부터 구별할 수 있도록 정보의 외적 특성을 분석하고, 필요한 내적 특성을 추가하며, 특성들의 값을 지정한다.
   ③ 정보의 외적 특성으로는 저자, 제목, 출판자, 본문, 링크, 앵커 텍스트 등이 있다.

정답 및 해설 4.② 5.④ 6.④ 7.③

8 Lotka의 저자생산성법칙에 따를 때, 특정 학문분야에서 특정 기간 내에 1편의 논문을 발표한 사람이 100명일 경우 2편의 논문을 발표한 저자의 수는?

① 11명   ② 25명

③ 33명   ④ 50명

9 도서관에서의 이용자 교육은 주로 서비스현장교육, 오리엔테이션, 도서관교육, 서지교육, 정보관리교육의 다섯 가지 유형으로 제시되고 있다. 다음 교육 형태 중 연구, 교육 등 특정 목적을 가진 이용자를 대상으로 이루어지고 문제 해결을 강조하는 것은?

① 서지교육   ② 도서관교육

③ 오리엔테이션   ④ 정보관리교육

10 MODS(Metadata Object Description Schema)에서는 "typeOfResource" 요소에서 유형값을 기술하도록 규정하고 있다. 이 요소에서는 텍스트, 지도, 악보 등 12가지의 유형값을 기술한다. 이 요소에서 구체적으로 표현하지 못하는 특정한 유형값은 어느 요소에서 기술할 수 있는가?

① genre   ② multimedia

③ mixed material   ④ three dimensional object

11 명감(Directories)은 사람, 기관 등을 알파벳순 또는 주제별로 수록해놓아 개인이나 기관에 대한 간략한 정보, 즉 성명, 기관명, 주소, 전화번호, 기능 등을 쉽게 찾을 수 있도록 데이터를 조직해 놓은 자료이다. 다음 중 명감 자료의 평가 기준을 모두 고르면?

㉠ 권위(authority)	㉡ 정확성(accuracy)
㉢ 최신성(currency)	㉣ 수록범위(scope)
㉤ 참고문헌의 충실성(references)	

① ㉠, ㉡, ㉢, ㉣   ② ㉠, ㉡, ㉣, ㉤

③ ㉡, ㉢, ㉣, ㉤   ④ ㉠, ㉡, ㉢, ㉣, ㉤

12 다음 중 전세계에서 출판되는 정기, 비정기 간행물에 대해 주제별로 구분하고 서명색인 및 출판사 정보를 제공하고 있는 참고정보원은?

① JCR   ② DIALOG

③ SCOPUS   ④ Ulrich's Directory

---

8 $\dfrac{100}{2^2} = \dfrac{100}{4} = 25$ 명

   ※ Lotka의 저자생산성법칙(역제곱의 법칙)

    n편의 논문을 생산한 저자 수 = 한 편의 논문을 생산한 저자 수 / n^2

9 도서관에서의 이용자 교육 중 서지교육은 연구, 교육 등 특정 목적을 가진 이용자를 대상으로 시행하며 문제해결을 강조한다.

10 "typeOfResource" 요소에서 구체적으로 표현하지 못하는 특정한 유형값은 genre(장르)에서 기술할 수 있다.

11 ㉤ 참고문헌의 충실성은 명감 자료의 평가 기준에 해당하지 않는다.

12 Ulrich's Periodical Directory … 전 세계에서 출판되는 정기, 비정기 간행물에 대해 주제별로 구분하고 서명색인 및 출판사 정보를 제공하고 있는 참고정보원

   ① JCR(Journal Citation Report) : 각종 통계 정보원

   ② DIALOG : 상용 정보검색

   ③ SCOPUS : 과학기술, 의학, 생명과학, 사회과학 분야 학술지 초록 및 인용DB

정답 및 해설 8.② 9.① 10.① 11.① 12.④

13 참고질문의 형성단계와 그에 대한 설명으로 옳은 것은?

① 의식적 요구 – 공식적으로 진술할 수 있도록 질문내용이 정리된 단계
② 표현된 요구 – 피상적 욕구의 단계
③ 내면적 요구 – 정보의 필요성을 뚜렷하게 의식하는 단계
④ 표현된 질문 – 질문을 재구성할 필요 없이 탐색에 착수하는 단계

14 토픽맵(Topic Maps)은 정보자원을 주제별로 묶고 주제와 주제 간의 관계를 나타내어 정보자원에 대한 의미적 지식을 표현하는 색인어 지도이다. 토픽맵을 구성하는 주요 개념이 아닌 것은?

① 자원(resource)   ② 토픽(topic)
③ 관계(association)   ④ 속성값(value)

15 학술잡지의 가치 평가에 대한 설명으로 옳지 않은 것은?

① JCR에서 사용하고 있는 'Impact Factor'는 최근 2년간 학술지에 수록된 논문의 인용 수를 최근 2년간의 논문 편수로 나눈 값을 말한다.
② 'Eigenfactor'는 지난 2년 동안의 인용데이터와 논문 수를 기반으로 계산하며, 자체인용은 제외한다.
③ 'Article Influence Score'는 한 저널이 출판된 후 5년 동안 개개 논문들의 상대적인 영향력 값의 평균을 말하며, 전체 논문의 평균값은 1.00으로 나타낸다.
④ 'SJR Indicator'는 Google의 'PageRank'알고리즘을 사용하며, SCI에 등재되지 않은 Open Access 학술지의 평가에 유용하다.

16 디지털 기술의 발전과 전자책의 출현으로 탄생하여 시각장애인과 독서장애인을 위한 매체의 역할을 하는 국제 디지털 음성 표준 포맷은?

① MPEG   ② DAISY

③ AVI   ④ MIDI

17 다음 검색 기법 중 재현율 향상 기법에 해당하는 것은?

① 인접연산자 WITH

② 필드탐색

③ 퍼지탐색

④ 대소문자가 구별된 탐색

---

13 ① 의식적 요구 – 정보의 필요성을 뚜렷하게 의식하는 단계
　② 표현된 요구 – 공식적으로 진술할 수 있도록 질문내용이 정리된 단계
　③ 내면적 요구 – 피상적 단계

14 토픽맵의 구조
　㉠ 지식층 : 기존의 정보 리소스 위에 구축하는 지식의 구조로서 특정 주제를 나타내는 Topic과 Topic들 간의 연관 관계를 나타내는 Association으로 구성된다.
　㉡ 정보층 : 정보 리소스를 나타내며, 지식층과 정보층은 Occurrence를 통해 상호 연결되어 지식의 위치정보를 표현한다.

15 아이겐팩터(Eigenfactor) … 워싱턴 대학교의 예빈 웨스트 교수와 칼 베르스트롬 교수에 의해 개발된 저널 영향력에 관한 평가 지표이다. 각 저널들을 서로 연결하는 것으로, 지난 5년 동안 저널에 요청된 총 인용 수를 계산하는 간접적 방식을 이용한다.

16 DAISY … 시각장애인과 독서장애인을 위한 매체의 역할을 하는 국제 디지털 음성 표준 포맷
　① MPEG : 비디오, 오디오 압축표준 기술
　③ AVI : 마이크로소프트사에서 Windows 개발과 함께 만든 동영상 형식으로 Windows 표준 동영상 형식
　④ MIDI : 신시사이저, 리듬 머신, 시퀀서, 컴퓨터 등의 연주 정보를 상호 전달하기 위해 정해진 데이터 전송 규격

17 ③ 퍼지탐색은 정확하게 원하는 정보에 대응하지 않는 경우에도 관련될 가능성이 있는 결과를 찾아 보여준다. 따라서 재현율을 향상시킬 수 있다.

정답 및 해설 13.④　14.④　15.②　16.②　17.③

18 어느 시스템에서 문헌을 검색한 결과가 〈보기〉와 같을 때, 해당 시스템의 정확률과 재현율은? (단, 소수점 첫째 자리에서 반올림한다.)

〈보기〉

검색된 문헌 총수 (150)

검색된 적합문헌 수 (50)

적합문헌 총수 (120)

전체문헌 수 (N)=1,000

	정확률	재현율		정확률	재현율
①	5%	42%	②	33%	5%
③	33%	42%	④	42%	33%

19 〈보기〉에서 설명하고 있는 탐색전략은?

〈보기〉
- 이용자가 탐색확장을 위해 관련어를 식별코자할 때 특히 유용한 방법
- 고급검색 기법인 질의확장과 유사
- 탐색결과가 양적으로 증가
- 이용자가 탐색에 만족할 때까지 반복 가능

① 특정 패싯 우선탐색(the most specific facet first) 방법
② 블록만들기(building block) 방법
③ 눈덩이굴리기(snowballing) 방법
④ 신속/편의 지향법

20 정보검색시스템의 검색 성능을 평가하는 척도의 값을 구하였을 때, 이들의 합이 1이 될 가능성이 가장 낮은 조합은?

① 잡음률 + 정확률

② 부적합률 + 배제율

③ 재현율 + 잡음률

④ 누락률 + 재현율

---

18 • 정확률 : $\dfrac{\text{검색된 적합문헌 수}}{\text{검색된 문헌 총수}} \times 100 = \dfrac{50}{150} \times 100 = 약\ 33\%$

• 재현율 : $\dfrac{\text{검색된 적합문헌 수}}{\text{적합문헌 총수}} \times 100 = \dfrac{50}{120} \times 100 = 약\ 42\%$

19 보기에 제시된 내용은 눈덩이굴리기 방법과 관련된 설명이다.

① 특정 패싯 우선탐색 : 주제에 내포된 세부개념을 분석한 뒤 패싯을 만든 후 탐색개념의 특정성이 가장 높은 패싯을 우선적으로 탐색한다.

② 블록만들기 : 온라인탐색에서 보편적으로 가장 많이 사용하는 방법으로, 탐색질문의 주제를 세부개념(블록/패싯)으로 구분한다.

④ 신속/편의 지향법 : 소수의 관련 자료 검색에 유용하며, 이미 알고 있는 문헌을 찾고자 할 때 주로 사용한다.

20 정보검색시스템 내 여러 정보 간의 관계

* ABDC : 시스템의 모든 정보
* EFDC : 시스템의 모든 적합 정보
* HIDJ : 검색된 모든 정보

• **잡음률**(noise ratio) : 검색된 모든 정보 중에서 부적합 정보가 차지하는 비율=HIFG/HIDJ
• **누락률**(omission ratio) : 시스템의 모든 적합 정보 중에서 검색되지 않은 적합 정보의 비율=EGJC/EFDC
• **재현율**(recall ratio) : 시스템의 모든 적합 정보 중에서 검색된 적합 정보가 차지하는 비율=GFDJ/EFDC
• **정확률**(precision ratio) : 검색된 모든 정보 중에서 적합 정보가 차지하는 비율=GFDJ/HIDJ

정답 및 해설 18.③ 19.③ 20.③

1 정보서비스의 간접적인 기능으로만 묶은 것은?

① 정보안내서비스, 정보중재, 맞춤정보서비스
② 정보서비스 평가, 자원파일의 유지, 참고사서의 연수
③ 독자상담서비스, 논문작성 상담, 독서요법
④ 서지정보의 확인, 참고정보원의 개발, 연구협조와 자문

2 협력형 디지털정보서비스에 대한 설명으로 옳지 않은 것은?

① 시공간의 장애 없이 24/7 서비스가 가능하다.
② QuestionPoint는 OCLC와 ERIC이 공동 개발한 것이다.
③ 국립중앙도서관의 협력형 디지털정보서비스의 명칭은 '사서에게 물어보세요'이다.
④ 유용한 질의응답 내용은 데이터베이스나 FAQ 등으로 구축할 수 있다.

3 도서관 이용자교육의 오리엔테이션에 대한 설명으로 옳지 않은 것은?

① 도서관 및 사서의 서비스 내용을 이해시키려는 목적이 있다.
② 도서관을 처음 접하는 사람들을 대상으로 하는 초급단계의 이용자교육이다.
③ 도서관에는 이용자가 모르는 것을 가르쳐 주는 사서가 있다는 이미지를 심어 주는 것이 중요하다.
④ 주제 분야의 깊이 있는 정보탐색에 필요한 수단과 방법을 가르친다.

4 학위논문 정보를 수록한 정보원에 해당하지 않는 것은?

① KIPRIS

② DDOD

③ dCollection

④ PQDT

5 대학도서관을 중심으로 학술정보공동활용체제를 구축하여 종합목록서비스·상호대차서비스·학술지 원문제공서비스 등의 포털서비스를 제공하는 것은?

① KCI

② NDSL

③ RISS

④ NTIS

---

1 정보서비스의 간접적인 기능은 직접적인 기능의 보조적 성격을 가진다. 주로 경영·관리와 관련된 활동으로 정보서비스 평가, 자원파일의 유지, 참고사서의 연수, 참고정보원의 개발 등이 해당한다.
  ① 정보안내서비스, 정보중재, 맞춤정보서비스→정보제공
  ③ 독자상담서비스, 논문작성 상담, 독서요법→상담 및 지도/안내
  ④ 서지정보의 확인→정보제공, 연구협조와 자문→상담 및 지도/안내

2 ② QuestionPoint는 OCLC와 LC가 공동 개발한 것이다.

3 ④ 주제 분야의 깊이 있는 정보탐색에 필요한 수단과 방법을 가르치는 것은 서지교육이다.

4 KIPRIS(Korea Intellectual Property Rights Information Service) … 특허청이 보유한 국내·외 지식재산권 관련 모든 정보를 DB구축하여 이를 이용자가 인터넷을 통하여 검색 및 열람할 수 있도록 한국특허정보원이 운영하는 대국민 특허정보검색 서비스

5 ③ RISS(Research Information Sharing Service, 학술연구정보서비스) : 대한민국 교육부 출연기관 한국교육학술정보원에서 제공하는 학술연구정보화시스템
  ① KCI(Korea Citation Index, 한국학술지인용색인) : 국내 학술지 정보, 논문 정보 및 참고문헌을 DB화하여 논문 간 인용관계를 분석하는 시스템
  ② NDSL(National Digital Science Library, 국가과학기술정보센터) : 논문·특허·보고서·동향·저널/프로시딩·연구자·연구기관 등 약 1억 건 이상의 콘텐츠에 대한 검색 및 콘텐츠 유형별 전문검색 서비스를 제공하는 과학기술정보 서비스 플랫폼
  ④ NTIS(National Science & Technology Information Service, 국가과학기술지식정보서비스) : 사업, 과제, 인력, 연구시설장비, 성과 등 국가연구개발사업에 대한 정보를 한 곳에서 서비스하는 세계 최초의 국가R&D정보 지식포털

정답 및 해설 1.② 2.② 3.④ 4.① 5.③

6 목록에서 인명이나 단체명 · 통일표제 · 주제명 등 각종 명칭을 서지자료의 표목으로 정할 때, 일관성 있게 채택하기 위해 사용하는 것은?

① 시소러스   ② 상관색인

③ 전거리스트   ④ 분류표목

7 다음 설명에 해당하는 것은?

> • 한 문헌에 포함된 내용의 질적, 양적 정보를 비교적 상세하게 축약하여 원문을 읽지 않 이도 내용의 요점을 이해할 수 있다.
> • 원문헌에 있는 중요한 정보를 포함함으로써 원문헌의 대용물로 제공될 수 있다.

① 지시적 초록

② 비평적 초록

③ 통보적 초록

④ 주제지향적 초록

8 다음 제시문의 ⊙~ⓒ에 들어갈 용어를 바르게 연결한 것은?

> (⊙)은 특정 개념을 나타내는 어구가 항상 동일한 용어로 색인되므로 검색효율의 (ⓛ)이 높아진다. 반면 모든 용어를 수록하지 않기 때문에 용어의 (ⓒ)이 떨어진다.

	⊙	ⓛ	ⓒ
①	자연언어 색인	재현율	특정성
②	통제언어 색인	정확률	망라성
③	자연언어 색인	정확률	망라성
④	통제언어 색인	재현율	특정성

9 디지털도서관 환경의 통합검색에 대한 설명으로 옳지 않은 것은?

① 웹 스케일 디스커버리 시스템은 수많은 메타데이터에 대한 단일 색인을 생성하기 위해 출판사, 중개사업자, 통합도서관시스템, 기관레포지토리 등과 함께 업무를 수행한다.

② 통합DB를 구축하기 위한 방법 중의 하나로 OAI-PMH라는 메타데이터 수확 프로토콜 기법을 사용한다.

③ 메타데이터를 통합하지 않는 분산검색(distributed search) 방식은 불가능하다.

④ 탐색질의의 결과는 시스템에 따라 다양한 적합성 요인으로 배열되고 제시된다.

10 정보검색의 재현율 향상 방법으로 옳지 않은 것은?

① 어형통제 및 동등관계
② 가중치 부여 및 개념의 연결
③ 계층관계 및 연관관계
④ 탐색어 확장 및 용어의 절단

---

6 전거제어란 목록에서 표목이나 접근점으로 사용되는 인명이나 단체명·통일표제·주제명 등의 근거가 되는 모든 형식을 통일적이고 일관성 있게 유지할 수 있도록 하는 것이다.

7 제시된 내용은 통보적 초록(Informative Abstracts)에 대한 설명이다.
   ※ 통보식 초록과 지시적 초록
   ㉠ 통보식 초록(Informative Abstracts) : 연구의 목적과 배경, 실험 방법, 연구결과의 요약과 결론을 순서대로 서술하는 형태로 논문의 내용을 직접적으로 기술해 본문을 대신할 수 있는 독립적 형태이다.
   ㉡ 지시적 초록(Indicative Abstracts) : 연구의 목적과 방법, 논문에 취급된 포괄적인 범위만을 서술하는 형태로 내용의 실체를 모두 설명하지 않아 본문을 대체하는 역할은 하지 못한다.

8 통제언어 색인은 특정 개념을 나타내는 어구가 항상 동일한 용어로 색인되므로 검색효율의 재현율이 높아진다. 반면 모든 용어를 수록하지 않기 때문에 용어의 특정성이 떨어진다.

9 ③ 분산검색 방식은 메타데이터를 통합하지 않고 검색이 가능하다.

10 ② 가중치 부여 및 개념의 연결은 정보검색의 정확률 향상 방법이다.

정답 및 해설 6.③ 7.③ 8.④ 9.③ 10.②

11 정보원에 대한 설명으로 옳지 않은 것은?

① 도서관의 정보원은 도서관 소장자료 외에 네트워크로 접근 가능한 자원도 포함한다.

② 디지털 환경에서는 2차 정보원을 이용하여 1차 정보원에 접근하는 것이 어렵다.

③ 명감자료 중 매년 출판되는 자료는 연감정보원으로 구분된다.

④ 규격은 1차 정보원에 해당한다.

12 색인을 주제색인과 비주제색인으로 구분할 경우, 다음 중 주제색인 작성에 사용하는 것으로만 묶은 것은?

㉠ 본문	㉡ 초록
㉢ 저자명	㉣ 출판년도
㉤ 출판사	

① ㉠, ㉡

② ㉠, ㉡, ㉢

③ ㉠, ㉡, ㉢, ㉣

④ ㉠, ㉡, ㉢, ㉣, ㉤

13 참고면담에서 고려해야 하는 언어적 커뮤니케이션 기법으로 옳지 않은 것은?

① 의사언어

② 감정이입

③ 재진술

④ 경청

14 메타데이터의 인코딩 방식으로 옳지 않은 것은?

① HTML

② XML

③ RDF

④ EPUB

15 다음 질의문으로 대량의 동일한 문헌집단에서 문헌을 검색하려고 한다. 검색결과가 많은 것부터 순서대로 바르게 나열한 것은?

> ㉠ Information AND Technology
> ㉡ Information OR Technology
> ㉢ Information ADJ Technology
> ㉣ Information NEAR Technology

① ㉡→㉠→㉣→㉢

② ㉡→㉢→㉠→㉣

③ ㉣→㉡→㉢→㉠

④ ㉣→㉢→㉡→㉠

---

11 ② 디지털 환경에서는 2차 정보원을 이용하여 1차 정보원에 접근하는 것이 용이하다.

12 주제색인요소와 비주제색인요소
  ㉠ 주제색인요소(내적속성) : 분류기호, 주제명, 디스크립터, 키워드, 초록
  ㉡ 비주제색인요소(외적속성) : 표제요소, 인명요소, 시간요소, 작성요소, 식별요소, 매체요소, 기타요소

13 ① 의사언어는 억양, 음색, 속도, 웃음, 울음 등으로 비언어적 커뮤니케이션 기법이다.

14 EPUB(Electronic Publication) … 국제디지털출판포럼(IDPF)에서 제정한 전자책의 기술 표준

15 ㉠ AND : 인접연산자(NEAR, ADJ)보다 재현율이 높고 OR보다 정확률이 높다.
  ㉡ OR : 재현율이 가장 높다.
  ㉢ ADJ : 단어의 순서대로 특정거리 내에 존재하는 문헌을 검색한다.
  ㉣ NEAR : 단어의 순서에 상관없이 특정거리 내에 존재하는 문헌을 검색한다.
  따라서 검색결과가 많은 것부터 순서대로 나열하면 OR→AND→NEAR→ADJ

정답 및 해설 11.② 12.① 13.① 14.④ 15.①

16 정보검색에서 '가중치 탐색(weighted searching)'에 대한 설명으로 옳지 않은 것은?

① 가중치 탐색은 이용자가 질의에 포함된 각 용어의 중요도를 표시하는 데에 사용될 수 있다.

② 가중치는 각 정보검색시스템이 정의한 기호나 숫자로 표시될 수 있다.

③ 가중치 척도는 각 정보검색시스템에서 동일하게 규정된다.

④ 가중치 할당 기준으로는 용어위치, 용어근접성, 역문헌빈도 등이 사용된다.

17 전자자원의 공동구매 사업(컨소시엄)에 대한 설명으로 옳지 않은 것은?

① KESLI(Korean Electronic Site License Initiative)는 국립중앙도서관에서 추진하는 전자자원의 공동구매 사업이다.

② NESLI(National Electronic Site License Initiative)는 영국의 전자자원 공동구매 사업이다.

③ 전자자원의 공동구매 사업은 참여기관의 구입/구독 비용을 줄이는 역할을 한다.

④ 참여기관은 기존 장서나 자원을 공유하여 자원 이용을 극대화 할 수 있다.

18 정보서비스를 위한 장서관리 활동을 계획·실행·평가단계로 구분할 경우, 계획단계에서 이루어지는 업무내용에 해당하지 않는 것은?

① 협력 장서개발

② 장서개발정책 수립과 유지

③ 자금 확보와 예산 관리

④ 지역사회분석

19 디지털 지적문화유산을 국가적 차원에서 수집·보존하여 활용하도록 국립중앙도서관이 추진하고 있는 온라인 디지털자원의 수집 및 보존 프로젝트는?

① Greenstone   ② OASIS

③ KOASAS   ④ DSpace

20 정보활용과정 모형인 Big6 Skills 모형의 특징으로 옳지 않은 것은?

① 기본적인 프레임웍은 6단계로 나누어져 있으며, 각 단계에는 2개씩의 하위 단계가 있다.

② 다양한 계층의 정보문제 해결에 적용할 수 있는 처리과정 모형이다.

③ 통합정리 단계에서는 최적의 정보원을 선택하고 관련된 정보를 추출한다.

④ 교사와 미디어 전문 사서가 협동하여 학생들에게 정보와 정보기술 활용능력을 가르치는 방법론이기도 하다.

---

16 ③ 가중치 척도는 각 정보검색시스템에서 다르게 규정된다.

17 ① KESLI(Korean Electronic Site License Initiative)는 한국과학기술정보연구원(KISTI)에서 운영하고 있는 전자저널 국가 컨소시엄으로, 국가 디지털 과학 도서관 구축 사업의 일환이다.

18 ① 협력 장서개발은 실행단계에서 이루어지는 업무이다.
   ※ 장서관리
   ㉠ 계획 : 수서정책, 기준제정, 예산계획, 평가계획, 보존정책 등
   ㉡ 실행 : 수서, 서고관리, 장서폐기, 매체변형, 자원공용 등
   ㉢ 평가 : 정책평가, 장서평가, 만족평가, 통계분석, 이용조사 등

19 OASIS(Online Archiving & Searching Internet Sources)는 디지털시대를 맞이하여 인류의 지적 활동의 결과물들이 종이에서 소멸성이 강한 디지털 형태로 급속히 이동함에 따라, 디지털 지적 문화유산을 국가적 차원에서 수집·보존하여 활용하도록 하는 동시에 후대에 교육 및 연구용 자료로 제공할 목적으로 2004년 1월 시범수집을 통해 2005년부터 국립중앙도서관이 본격적으로 추진해오고 있는 온라인 디지털자원의 수집·보존 프로젝트이다.

20 ③ 최적의 정보원을 선택하고 관련된 정보를 추출하는 것은 정보이용 단계에서이다. 통합정리 단계에서는 다양한 자료에서 얻은 정보를 과제의 목적에 맞게 재조직한다.

정답 및 해설 16.③ 17.① 18.① 19.② 20.③

1 다음에서 설명하는 디지털 정보서비스 유형에 대한 사례로 가장 적합한 것은?

> 지리적으로 떨어져 있는 도서관끼리 참고질문의 해답에 대한 부담을 줄이고 각 도서관이
> 가지고 있는 전문지식과 인력을 최대한 활용하기 위해 도서관들은 지역, 국가, 세계적인
> 네트워크 형태로 협력하거나 주제 전문도서관 네트워크 등의 다양한 형태로 협력해서 디
> 지털 정보서비스를 제공한다.

① IPL2
② SDI서비스
③ CISTI
④ QuestionPoint

2 1876년 미국도서관협회의 연차총회에서 다음과 같은 내용을 주장하면서 미국의 도서관계가 참고서비스 업무를 적극적으로 수용하도록 이끌었던 도서관 사서이자 도서관 학자는?

> 공공도서관을 찾는 지역 주민에게 사서가 개인적인 도움을 활발히 제공하게 되면 공공도
> 서관의 사회적 유용성에 대한 지역 주민의 신념은 더욱 강렬해질 것이며, 궁극적으로는
> 공공 도서관을 이용하는 지역 주민이 증가하면서 공공도서관에 대한 지역사회의 재정 지
> 원이 증가할 것이다.

① Melvil Dewey
② Robert Harrison
③ Charles Cutter
④ Samuel Green

3 모기관과 그 구성원이 생산한 자료를 수집하여 데이터베이스를 구축하고 무료로 활용할 수 있도록 하는 정보서비스 전략과 가장 관련이 깊은 것은?

① 가상참고서가(Virtual Reference Shelves)

② 온라인참고자원(Online Reference Resources)

③ 자원파일(Resource File)

④ 기관 리포지터리(Institutional Repository)

---

1 QuestionPoint … 전 세계에서 협력체를 구성하고 있는 도서관들이 그들의 전문지식을 활용하여 참고질문을 하는 이용자를 돕기 위한 프로그램으로 가상참고서비스라고 할 수 있다. 협력망의 회원도서관에 의해 구축된 집중화된 지식자원을 소스로 하여 디지털 정보서비스를 제공한다.

※ QuestionPoint의 특징
   ㉠ 이용자들의 질문에 대한 파일링 · 추적 · 관리 가능
   ㉡ 웹기반 질의
   ㉢ 이메일과의 연동
   ㉣ 채팅서비스
   ㉤ request manager를 통해 자동 라우팅
   ㉥ 질의응답에 대한 세계적인 지식기반 구축 및 공유

2 제시된 내용은 1876년 미국도서관협회의 연차총회에서 Samuel Green이 주장한 내용이다. Green은 인본주의 정보봉사를 주장하면서 정보봉사의 기능으로 정보제공, 교육, 상담, 도서관 홍보의 4가지를 주장하였다.

3 기관 리포지터리(Institutional Repository)는 대학, 연구소 등에서 생산된 논문, 보고서 등 지적생산물을 디지털 자원으로 관리 · 배포할 수 있도록 구축된 오픈액세스(Open Access) 기반의 지식정보 공유 및 선진화된 유통체제를 말한다.

정답 및 해설 1.④ 2.④ 3.④

4 참고과정이론은 질문에서 해답에 이르는 전체의 참고과정을 단계별로 분석하여 이용자와 사서 사이의 관계, 질문과 해답의 관계를 파악하고, 이들의 공통적인 양상을 분석함으로써 정보 서비스의 효율성을 도모하는 방법을 강구하고자 하는 이론이다. 번지(C.A. Bunge)는 이러한 과정을 9단계로 구분하였는데, 다음 중 이 9단계를 순서대로 바르게 나열한 것은?

① 정보요구 → 질문의 접수 → 질문의 해석 → 질문의 변환 → 탐색전략 → 탐색실시 → 연관성 판단 → 정보의 전달 → 적합성 판단

② 정보요구 → 질문의 접수 → 질문의 해석 → 질문의 변환 → 탐색전략 → 탐색실시 → 연관성 판단 → 적합성 판단 → 정보의 전달

③ 정보요구 → 질문의 접수 → 질문의 변환 → 질문의 해석 → 탐색전략 → 탐색실시 → 연관성 판단 → 정보의 전달 → 적합성 판단

④ 정보요구 → 질문의 접수 → 질문의 해석 → 질문의 변환 → 연관성 판단 → 탐색전략 → 탐색실시 → 정보의 전달 → 적합성 판단

5 인터넷 환경에서의 디지털 콘텐츠 식별자는 URI(Uniform Resource Identifier)라는 영역에서 다양한 식별자 형태로 만들어지고 있다. URI는 URL과 URN으로 구분된다. 〈보기〉에서 올바르게 설명된 것들만으로 짝지어진 것은?

〈보기〉
㉠ URL이 자원이 저장되는 위치에 대한 식별자라면 URN은 자원 그 자체에 부여된 독립적인 이름이다.
㉡ URL은 〈프로토콜/디렉토리/서버주소/파일〉의 형식으로 구성된다.
㉢ URL의 프로토콜은 대부분 'http'이며 경우에 따라서 ftp, gopher, telnet 등을 사용하기도 한다.
㉣ URL은 URN보다 영구적인 주소체계이다.
㉤ URN은 주로 〈urn : NID(Namespace Identifier) : NSS(Namespace Specific String)〉 형식으로 구성된다.

① ㉠, ㉡, ㉢
② ㉠, ㉢, ㉤
③ ㉡, ㉢, ㉣
④ ㉡, ㉣, ㉤

6 정보서비스의 기능은 기본적으로 교육, 정보제공, 상담 및 지도의 세 가지 속성에서 비롯된다. 다음 중 그 속성이 가장 다른 하나는?

① 이용자 A는 학술정보원에서 실시하는 신입생 오리엔테이션을 신청하였다.

② 이용자 B는 최신 학술잡지의 목차를 e-mail로 제공받기 위하여 도서관 홈페이지에서 서비스를 신청하였다.

③ 이용자 C는 신규 도입 학술데이터베이스인 Westlaw 활용교육을 신청하였다.

④ 이용자 D는 사서교사에게 도서관 온라인목록 검색법에 대한 개별지도를 받았다.

---

4 C.A. Bunge의 참고과정 9단계
정보요구→질문의 접수→질문의 해석→질문의 변환→탐색전략→탐색실시→연관성 판단→정보의 전달→적합성 판단

5 ⓒ URL은 〈프로토콜://서버주소/디렉토리/파일〉의 형식으로 구성된다.
ⓔ URL방식이 주소와 비슷한 개념이라면 URN은 영구불변의 주민등록번호와 유사하다. 따라서 URN이 URL보다 영구적인 주소체계이다.

6 ②는 정보제공, ①③④는 교육에 해당한다.

정답 및 해설 4.① 5.② 6.②

7 이용자의 정보요구에 실효적으로 대처하려면 이용자가 처해 있는 상황에 대한 고려가 중요하다고 주장하면서 이용자의 정보요구를 정확하게 분석하기 위해 중립적 질문기법(Neutral Questioning)을 제안한 학자는?

① Robert Taylor
② Marcia Bates
③ Brenda Dervin
④ James Rettig

8 다음에서 설명하는 법칙은?

> • 비교적 소수의 핵심잡지들 속에 발표되는 논문기사들이 해당 주제와 관련된 전체 논문의 큰 비율을 차지한다.
> • 도서관은 이 법칙을 학술지의 구입결정이나 핵심잡지의 선택에 활용할 수 있다.

① Bradford 법칙　　　　　　　　② Lotka 법칙
③ Zipf 법칙　　　　　　　　　　④ 문헌이용률 감소법칙

9 이용자의 질의에 적합한 정보자료를 탐색하기 위해 사서가 선택할 수 있는 전략은 크게 '특정한 것으로부터 일반적인 것으로 접근(specific-to-general approach)'과 '일반적인 것으로부터 특정한 것으로 접근(general-to-specific approach)'으로 나눌 수 있다. 다음 중에서 '특정한 것으로부터 일반적인 것으로 접근'에 대한 설명으로 적합하지 않은 것은?

① 최신 정보를 탐색하는 데 매우 적합한 접근법이다.
② Citation Pearl Growing 기법과 관련이 있다.
③ 디스크립터를 포함하고 있는 정보시스템에서 효과적이다.
④ 이용자가 알고 있는 특정 문헌이 탐색의 출발점이 된다.

7 Brenda Dervin는 그의 논문 「Neutral questioning : A new approach to the information interview」에서 이용자의 정보요구에 실효적으로 대처하려면 이용자가 처해있는 상황에 대한 고려가 중요하다고 주장하면서 이용자의 정보요구를 정확하게 분석하기 위해 중립적 질문기법(Neutral Questioning)을 제안하였다. 중립적 질문기법은 정보사서가 이용자의 질문에 대한 성급한 판단을 자제하도록 해주며 면담 초기 단계에서 개방형 질문에 대한 이용자의 답을 통제하는 데 적합하다.

8 브래드포드의 법칙(Bradford's law) … 영국의 문헌정보학자인 Bradford는 여러 과학 잡지에 분산되어 있는 응용지리, 물리학, 윤활유 분야의 논문들이 공통적인 분포양상을 나타내고 있음을 최초로 관찰하고, 어떤 특정 주제 분야의 잡지를 전부 모아 유효한 논문 수가 많은 잡지에서 적은 잡지 순으로 배열해 보면, 몇몇 잡지에 논문이 집중적으로 게재되어 있음을 발견할 수 있다고 주장하였다. 브래드포드 법칙에 의하면 전 세계적으로 100,000여 종의 학술지 중에서 2,000여 종의 학술지가 과학기술 분야의 핵심적인 근원(core journal)이 되는 것으로 알려져 있다. 즉 세계적으로 출판되는 전체 학술지 중에서 극히 적은 2,000여 종의 학술지가 전 세계 지식정보 인용의 대부분을 차지하고 있다는 것이다. 이로써 보면 학술지를 선정하는 이유는 적은 숫자의 핵심 학술지가 확인되면 나머지 학술지들은 이에 부수되는 지식 종속관계의 학술지이므로 주종을 이루는 소수의 세계 주도적인 학술지만을 선정하는 것이다.

② Lotka 법칙 : 계량서지학의 중요한 법칙 중의 하나로 확실하게 정의된 주제 분야에서 일정 기간 동안에 다수의 논문을 출판하는 저자의 수는 극히 소수이지만, 이들이 생산하는 논문의 수는 그 분야의 출판물 중 상대적으로 높은 비율을 차지하는 현상을 말한다.

③ Zipf 법칙 : 긴 글에서 단어들이 나오는 빈도가 높은 순서대로 나열해 순위를 매기면, 그 빈도가 해당 단어의 순위에 반비례하는 법칙으로, 글에서 가장 많이 나오는 단어는 두 번째로 많이 나오는 단어보다 빈도가 약 2배 높으며, 세 번째로 많이 나오는 단어보다는 빈도가 3배 높다는 것이다.

④ Burton과 Kebler의 문헌이용률 감소법칙 : 과학문헌의 이용 빈도를 발행된 연도부터 추적하면 발행 후의 시간적인 경과가 길면 길수록 이용 빈도가 떨어지게 된다. 즉, 오래된 문헌보다는 새로운 문헌이 이용 빈도가 높게 나타난다는 것으로, Burton과 Kebler는 어떤 과학 분야 문헌이 출판되어 그 이용가치가 정확히 반으로 감소되기까지 소요되는 시간을 반감기(half life)라 하였다.

9 특정한 것으로부터 일반적인 것으로 접근하는 전략은 귀납법적 접근법으로 최신 정보를 탐색하는 데 적합하지 않다.

정답 및 해설 7.③ 8.① 9.①

10 〈보기〉는 도서관자동화의 역사적 사실에 관한 시대별 주요 특징이다. 시기 순(과거→ 현재)으로 올바르게 나열한 것은?

〈보기〉
㉠ 펀치카드와 펀치카드 처리기를 이용한 이용자정보와 대출정보 관리
㉡ 온라인열람목록(OPAC)의 도입과 확산
㉢ MEDLINE, OCLC, RLIN 등의 온라인 서비스 시작
㉣ 도서관자동화시스템의 데이터베이스가 서지정보뿐만 아니라 원문과 멀티미디어 정보를 포함한 통합적 데이터베이스로 전환
㉤ 미의회도서관의 기계가독형목록(MARC) 개발과 보급

① ㉠ – ㉢ – ㉡ – ㉤ – ㉣
② ㉠ – ㉤ – ㉢ – ㉡ – ㉣
③ ㉤ – ㉠ – ㉡ – ㉢ – ㉣
④ ㉤ – ㉠ – ㉢ – ㉡ – ㉣

11 다음에서 설명하고 있는 통합검색 요소기술은?

- 1988년 국가정보표준기구(NISO)에서 승인되었다.
- 인터넷의 성장에 따라 정보시스템마다 서로 다른 구문 규칙을 사용하고 이용자 인터페이스가 동일하지 못하다는 단점을 해결하기 위해서 개발되었다.
- 두 대의 컴퓨터가 정보검색을 위해 서로 통신을 하는 표준화된 방법을 정의하고 있다.
- 정보검색 절차와 방법이 표준화되어 있기 때문에 대규모 정보데이터베이스를 이용하는데 훨씬 쉬워진다.

① SRU
② ZING
③ Z39.50
④ OAI 프로토콜

10 ㉠ 1936~1950년대 : 1936년 미국 텍사스 대학의 도서관에서 컴퓨터를 도입하여 대출업무 자동화를 시도했던 것
이 도서관 전산화의 시초이다.)
  ㉢ 1960년대
  ㉣ 1970년대 초반
  ㉡ 1970년대 후반
  ㉤ 1980년대 이후
  ※ 도서관 전산화의 발전과정
  ㉠ 제1기(1936~1950년대)
  • punch card system
  • 주로 대출업무 자동화
  ㉡ 제2기(1960년대)
  • off-line batch system
  • 미의회도서관의 MARC(Machine Readable Cataloging)의 개발
  ㉢ 제3기(1970년대)
  • on-line realtime system
  • 뱃치방식에 의해 전산화된 도서관들도 온라인 시스템으로 전환
  • 토털시스템의 개발, 데이터베이스 개념의 도입 및 범용 데이터베이스 관리시스템의 이용이 보편화
  ㉣ 제4기(1980년대)
  • 네트워크 시대
  • 70년대의 중앙집중형 네트워크에서 분산형 네트워크로 변화
  • 도서관에서 비디오텍스 시스템의 이용
  • 미니컴퓨터나 마이크로컴퓨터를 이용한 독자적인 시스템 개발
  • 온라인열람목록(OPAC)의 증가
  • CD-ROM의 도서관 도입
  ㉤ 제5기(1990년대)
  • 네트워크의 확산
  • 정보기술의 발전으로 인한 멀티미디어자료 생산, 이용
  • 인터넷(Internet)을 통한 도서관 정보제공
  • 전자도서관(Electronic Library, Digital Library)의 출현

11 제시된 내용은 Z39.50에 대한 설명이다. 세계 각국의 디지털 도서관들이 서로 다른 기종의 컴퓨터를 사용하고 있
는 환경에서 서로 호환이 가능하게 하는 표준화된 정보검색 프로토콜로, 정식 명칭은 ANSI/NISO Z39.50이다.
  ※ Z39.50의 특징
  ㉠ 이질적 정보 자원들에 대한 단일하고 손쉬운 접근
  ㉡ 세션 중심의 안정된 프로토콜
  ㉢ 클라이언트·서버 모형에 기초한 프로토콜로 이기종 컴퓨터 사이의 원활한 커뮤니케이션
  ㉣ 이용자의 요구에 맞는 다양한 프레젠테이션 구문의 명세화
  ㉤ SR에 비해 다양한 국제적 합의와 지원

12 이용자 교육방법 가운데 다음에서 설명하고 있는 것은?

> • 대체로 이용자가 참고사서의 도움 없이 원하는 정보를 찾을 수 있는 방법에 교육의 목표를 둔다.
> • 사서와 이용자가 1 대 1로 대면하면서 이루어지는 교육이기 때문에 교육 효과가 높다.
> • 참고사서가 가장 일상적으로 수행하고 있는 교육 형태이며 가장 오래된 교육 방법이다.
> • 참고사서가 개별 이용자들에게 특정 문제의 해결에 필요한 지식과 기술을 구두로 교육시키는 형식으로 이루어지고 있다.
> • 정보서비스 형성 초기의 가장 초보적인 교육 형태이면서 지금까지도 교육적 신념이 강한 참고사서들이 즐겨 채용하고 있는 방법이다.

① 오리엔테이션　　　　　　　　　　② 도서관교육
③ 서지교육　　　　　　　　　　　　④ 서비스인지교육

13 다음에 제시된 벤다이어그램과 같은 검색결과를 도출하기 위한 불리언 연산자 식으로 옳은 것은?

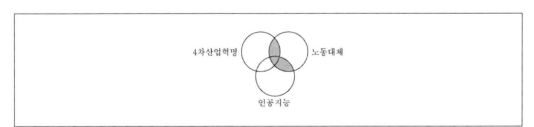

① (4차산업혁명 and 인공지능) or 노동대체
② 4차산업혁명 and (인공지능 or 노동대체)
③ 4차산업혁명 or (인공지능 and 노동대체)
④ (4차산업혁명 or 인공지능) and 노동대체

14 정보서비스의 핵심적인 요소로 이용자의 질문에 대해 직접 정보를 제공해주는 서비스 가운데 지역정보자원파일의 구축을 필요로 하는 것은?

① 정보안내서비스
② 최신정보주지서비스
③ 정보중개서비스
④ 즉답형 참고질문

12 제시된 내용은 서비스현장교육에 대한 설명이다.

13 4차산업혁명 또는 인공지능 관련 정보 중 반드시 노동대체에 포함되는 것이어야 하므로 '(4차산업혁명 or 인공지능) and 노동대체'로 식을 표현해야 한다.

14 정보안내서비스(I & R : Information & Referral Service)는 지역사회의 모든 주민들을 대상으로 그들의 일상생활과 관련이 있는 사회, 경제, 문화, 여가 등 실용 정보를 제공하거나 이러한 정보를 제공해 줄 수 있는 도서관, 외부의 기관, 전문가에게 안내 또는 연결해 주는 서비스이다. 따라서 지역정보자원파일의 구축을 필요로 한다.

정답 및 해설 12.④ 13.④ 14.①

15 도서관자동화프로그램 개발방법 중 턴키 방식(Turn Key)에 대한 설명으로 가장 옳은 것은?

① 도서관 직원, 전산 담당자, 보조 직원 등이 개발팀을 구성하여 자체개발한다.

② 도서관이 도서관자동화프로그램의 개발을 시스템 개발업체에 용역으로 의뢰하여 추진한다.

③ 도서관이 자관의 업무를 분석한 후 자관에 적절한 도서관자동화 S/W를 선정하고, 선정된 S/W 개발업체가 적절한 H/W를 선정하여 구매한 후 S/W와 H/W를 일괄 납품한다.

④ 도서관이 시장에서 판매되고 있는 도서관자동화 S/W패키지 중에서 자관에 가장 적합한 패키지를 구입하여 자동화를 추진한다.

16 〈보기〉는 정보서비스 이론에 관한 설명이다. 이 중 교육 이론에 관한 설명만으로 묶은 것은?

〈보기〉

㉠ 도서관은 이용자의 모든 요구를 만족시키는 방법과 수단을 제공할 의무를 지니고 있다.

㉡ 도서관 및 자료 이용의 주체와 책임을 이용자에게 두고, 사서는 그들이 잘 이용할 수 있도록 지도해주면 된다.

㉢ 이용자는 스스로 정보를 탐색함으로써 그가 본래 목적으로 했던 정보 이외에 관련된 많은 정보를 조사과정에서 부수적으로 얻을 수 있다.

㉣ 효율적인 정보서비스는 이용자, 사서, 정보원 등 세 요소의 상호작용이 이상적으로 이루어질 때 가능하다.

㉤ 이 이론의 정당성은 도서관교육이 생애교육으로 이어질 수 있다는 데서 찾을 수 있다.

① ㉠, ㉡, ㉢   ② ㉡, ㉢, ㉣

③ ㉡, ㉢, ㉤   ④ ㉢, ㉣, ㉤

17 참고면담의 특징과 가장 거리가 먼 것은?

① 이용자의 도서관(또는 사서)에 대한 이해의 증진과 계속적인 협조관계의 유지를 위해 행해진다.

② 면담의 전체 과정이 특수한 경우를 제외하고는 대부분 비공개되어 있다.

③ 많은 조사를 요하는 연구형 질문을 제외하면 대부분 즉각적인 해답이 요구된다.

④ 해답의 형태가 구두에 의해서가 아니라 자료에 의해 제시된다.

18 정보검색 효율성의 측정 척도에 대한 설명으로 가장 옳지 않은 것은?

① 재현율이란 시스템이 소장하고 있는 적합문헌 가운데 검색된 적합문헌의 비율로서 시스템이 적합문헌을 검색하는 능력을 말한다.

② 정확률이란 검색된 문헌 가운데 검색된 적합문헌의 비율로서 시스템이 부적합문헌을 검색하지 않는 능력을 말한다.

③ 누락률이란 검색되지 않은 적합문헌의 비율로서 누락된 정보량을 나타내며 누락률과 정확률을 더하면 1이 된다.

④ 부적합률이란 전체 부적합문헌 가운데 검색된 부적합문헌의 비율을 나타내며 부적합률과 배제율을 더하면 1이 된다.

---

15 턴키 방식(Turn Key)은 키(열쇠)만 돌리면 설비나 공장을 가동시킬 수 있는 상태로 인도한다는 데서 유래한 용어이다. 도서관자동화프로그램 개발에서는 도서관이 자관의 업무를 분석한 후 자관에 적절한 도서관자동화 S/W를 선정하면, 선정된 S/W 개발업체가 그에 적절한 H/W를 선정·구매한 후 S/W와 H/W를 일괄 납품하는 방식을 말한다.

16 ㉠ 자유이론 ㉣ 참고과정이론

17 ② 면담의 전체 과정이 특수한 경우를 제외하고는 대부분 공개되어 있다.

18 ③ 누락률이란 모든 적합 정보 중에서 검색되지 않은 적합 정보의 비율로, 누락률과 재현율을 더하면 1이 된다.

정답 및 해설 15.③ 16.③ 17.② 18.③

19 현행 법규에 따르면 도서관이 소장하고 있는 저작물을 디지털화하려면 저작권자의 허락을 받아야 한다. 그러나 예외도 있는데 〈보기〉의 항목 중에서 저작권자의 허락이 필요하지 않은 경우를 모두 고른 것은?

〈보기〉

㉠ 저작권법에 정해진 비보호 저작물
㉡ 저작자 사후 70년이 지나 보호기간이 만료된 저작물
㉢ 창작성이 없는 단순 수치정보나 서지정보
㉣ 저작자가 도서관에 기증한 저작물

① ㉠, ㉣
② ㉠, ㉡, ㉢
③ ㉠, ㉢, ㉣
④ ㉠, ㉡, ㉢, ㉣

20 다음에서 설명하고 있는 정보서비스 관리의 유형은?

• 목적설정, 장기계획수립, 의사결정에 전문직 참고사서 모두가 참여하도록 한다.
• 민주적 의사결정에 있어서 최상의 방법이다.
• 관리자는 직원들에게 특별한 의사결정을 할 수 있는 권한을 부여하므로 의사결정의 권한과 책임이 그 부서 전체에 있게 된다.
• 1985년 오벌린 대학도서관의 참고부서가 채택한 바 있다.

① 순환관리(rotating management)
② 참여관리(participatory management)
③ 집단관리(collective management)
④ 계층관리(hierarchical management)

19 ㉣ 저작자가 도서관에 기증한 저작물이라 하여도 저작권 자체를 기증한 것이 아니므로 디지털화하기 위해서는 저작권자의 허락이 필요하다.

20 제시된 내용은 집단관리에 대한 설명이다.

정답 및 해설 19.② 20.③

1 정보 공유 공간(information commons)에 대한 설명으로 옳은 것은?

① 디지털 도서관의 가상 참고서가이다.

② 인쇄 매체뿐만 아니라 디지털 정보자원이 공존하며 시설, 장비가 이용자 중심으로 개방된 공간이다.

③ 개방, 참여를 기반으로 콘텐츠를 생산, 재창조, 공유하기 위한 웹상의 공간이다.

④ 링크드 데이터(linked data)에 의해 전 세계의 도서관 자원을 공유하고 싱기픽으로 보존하기 위한 가상 공간이다.

2 테일러(Robert S. Taylor)의 질문형성 단계 중 '의식적 요구' 단계에 대한 설명으로 옳은 것은?

① 정보의 필요성을 대뇌 속에서 뚜렷하게 인지하는 단계이다.

② 실제로 정보를 탐색할 수 있도록 이용자 스스로 내용을 수정하는 단계이다.

③ 참고사서에게 자신의 정보요구를 명시적으로 진술할 수 있도록 질문의 내용이 정리된 단계이다.

④ 정리되지 않은 피상적 요구의 단계로 상황에 따라 변화될 가능성이 많은 단계이다.

3 오픈 액세스(open access) 저널의 기본 개념으로 옳지 않은 것은?

① 전통적인 구독기반 출판의 대안으로 등장하였다.

② 독자에게 무료로 개방한다.

③ 연구의 성과물에 대하여 누구나 장벽 없이 접근할 수 있다.

④ 전문가에 의한 논문 심사(peer review)를 면제한다.

4 비주제 색인의 대상으로만 묶은 것은?

① 발행처, 보고서 번호, 저자명, 표제

② 디스크립터, 발행 연도, 총 페이지, ISBN

③ 기관명, 발행지, 주제명, ISSN

④ 발행 연도, 분류 기호, 초록, 표제

---

1 정보 공유 공간(Information Commons)은 외국에서는 Information Arcade, Media Union, Virtual Village, Electronic Resources Center, Knowledge Commons, Information Hub 등의 명칭으로, 국내에서는 정보 공유 공간, 정보통합센터 등의 명칭으로 사용되고 있다. IC가 이처럼 다양한 용어와 의미로 사용되는 것은 '정보 공유 공간'이라는 용어가 단순한 어휘자체의 의미 이상의 의미를 내포하고 있기 때문이다. 즉, IC는 정보공유 측면에서 단순히 장소나 물리적 공간만을 의미하는 것이 아니라 "이용자 모두가 인쇄 매체뿐만 아니라 디지털 정보자원을 포함한 다양한 유형의 정보에 최대한 접근하도록 하기 위한 사고와 정보, 정책과 법, 관례와 규칙, 조직과 구조의 총체로서, 이용자의 정보요구 충족을 위한 개방 공간"이라고 볼 수 있다.

2 테일러의 질문형성 단계

단계	내용
잠재적 요구	• 실제로 가지고 있으나 표현되지 않은 내재된 요구 • 언어나 문장으로 표현할 수 없는 상태 • 자신의 기억 내에 존재하지 않는 정보에 대해서 의식적/무의식적으로 알고자 하는 요구를 느끼는 단계
의식적 요구	• 머릿속에 의식된 정보요구 • 의식적으로 서술하지만 정확하게 전달하지 못하는 상태
명시적 요구	• 정보요구를 구체적인 문장으로 표현할 수 있는 명시화·형식화된 정보요구 • 질문을 적절하고 합당한 문장으로 표현할 수 있는 단계 • 구체적인 언어로 기술하고 원하는 정보를 시스템 범위 안에서 생각해 냄
협의적 요구	• 정보시스템에 적당한 질문으로 만들어 내는 과정 • 명시적 정보요구가 정보검색 시스템에 적용할 수 있는 질문의 형태로 가공된 상태

3 ④ 전문가에 의한 논문 심사를 받는다.

4 주제 색인은 정보주제의 주제를 나타내는 요소를 색인어로 선택한 색인이고, 비주제 색인은 저자명, 표제, 기관명, 발행처 등 주제와 직접적인 관계가 없는 요소를 색인어로 선택한 색인이다.

5 도서관의 RFID 시스템에 대한 설명으로 옳지 않은 것은?

① RFID는 장서관리, 대출, 반납 등 도서관 서비스에서 활용된다.
② RFID 태그는 데이터 변경 및 추가가 자유롭고 일시에 다량의 판독이 가능하다.
③ RFID 리더는 태그와 통신이 가능한 주파수를 가져야 한다.
④ RFID 시스템은 온라인을 통한 소장자료의 검색을 제공한다.

6 A학술지에 수록된 논문의 수는 2016년에 총 100개, 2015년에 총 50개이다. 그리고 A학술지에 수록된 논문의 당해 연도 인용 횟수는 2016년에 총 50회, 2015년에 총 40회이다. 2016년 A학술지의 즉시성 지수(immediacy index)는?

① 0.1   ② 0.4
③ 0.5   ④ 2.0

7 다음 표에서 부적합률(fallout ratio)에 대한 공식으로 옳은 것은?

구분	적합	부적합
검색된 문헌	a	b
검색되지 않은 문헌	c	d

① a / (a + b)
② a / (a + c)
③ b / (b + d)
④ (a + c) / (a + b + c + d)

8 회색 문헌(grey literature)에 대한 설명으로 옳지 않은 것은?

① 연구보고서와 학술회의 자료를 포함한다.

② 대외비 자료(black literature)와 백색 문헌(white literature)의 중간에 위치한 문헌을 의미한다.

③ 상업적인 유통경로를 통해서는 입수하기 어려운 문헌을 의미한다.

④ 최근 1년간 Scopus에 등재된 논문을 포함한다.

---

5 ④ RFID 시스템은 온라인을 통한 소장자료의 검색을 제공하지는 않는다.

6 즉시성 지수(Immediacy Index)는 학술지 논문이 출판되고 얼마만큼 빨리 인용되는지를 알려주는 지표로, 발표된 논문이 당해 연도에 인용된 비율을 나타낸다. 따라서 2016년 A학술지의 즉시성 지수는 $\frac{50}{100} = 0.5$이다.

7 부적합률은 부적합한 전체 문헌 중 검색된 부적합 문헌의 비율이다. 따라서 $\frac{b}{b+d}$이다.

8 회색문헌(Gray Literature) ··· 통상 서적 판매 루트를 통해서 입수하기 어려운 문헌을 말한다. 보통 출판물의 유통 경로를 경유하지 않는 자료로 쉽게 입수하기 어렵고 그 존재조차 확인하기 어렵다. 백서와 같이 정상적으로 출판되는 것을 제외하면 정부 문서와 정부 관계 기관 비영리단체 등에서 발행하는 연구조사보고서가 있다. 이외에도 사회에 제언하기 위해 민간단체가 작성한 보고서·의견서 등의 자료, 세미나 혹은 집회 모임 등에서 배포하는 자료, 학회 등 학술단체의 회의록, 시장동향조사보고서, 기업 내 출판물 기술보고서, 학위논문 등과 같이 이용자에게 극히 한정적으로 배포되는 문헌을 가리킨다.

정답 및 해설 5.④ 6.③ 7.③ 8.④

9 참고면담에서 비언어 커뮤니케이션에 대한 설명으로 옳지 않은 것은?

① 메라비언(Albert Mehrabian)에 의하면 언어적 요소보다 비언어적 요소에 의한 의사전달의 비중이 더 크다.

② 가공 행위는 첫 대면의 신뢰성에 영향을 준다.

③ 비언어 커뮤니케이션은 언어 커뮤니케이션에 비해 신뢰도가 낮다.

④ 참고사서는 의사언어를 통해 이용자의 자유로운 질문표현을 유도할 수 있다.

10 문헌정보학 분야의 이론과 주창자의 연결이 옳지 않은 것은?

① 최소 노력의 법칙(Principle of Least Effort) - Zipf

② 서지 결합 법칙(Bibliographic Coupling) - Luhn

③ 분산 법칙(Law of Scattering) - Bradford

④ 역제곱의 법칙(Inverse Square Law of Scientific Productivity) - Lotka

11 이차자료로만 묶은 것은?

① 리뷰논문, 색인지, 출판전 배포기사, 학위논문

② 기술보고서, 연감, 초록지, 학술잡지

③ 특허정보, 표준과 규격자료, 핸드북, 회의자료

④ 백과사전, 색인지, 연감, 초록지

12 이용자가 하나 이상의 공공도서관에서 서비스를 제공 받고자 할 경우, 하나의 회원증으로 전국 참여도서관 어디서든 도서대출 서비스를 제공 받을 수 있는 서비스는?

① 책바다 서비스   ② 책나래 서비스

③ 책이음 서비스   ④ 책다모아 서비스

13 국립중앙도서관을 중심으로 구성된 전국 공공도서관의 소장 자료에 대한 통합 서지 데이터베이스로, 도서관 간 정보공유 및 상호협력을 위한 네트워크는?

① KESLI
② KSLA-NET
③ KMLA
④ KOLIS-NET

---

9 ③ 비언어 커뮤니케이션은 언어 커뮤니케이션에 비해 신뢰도가 높다.

10 ② 서지 결합 법칙은 두 문헌 속에 공통으로 인용된 인용문헌들의 수에 기초하여 유사한 주제를 다루는 문헌들끼리 모아주는 방법으로 1963년 Kessler가 제안하였다.

11 ① 출판전 배포기사, 학위논문은 1차자료이다.
② 기술보고서, 학술잡지는 1차자료이다.
③ 특허정보, 표준과 규격자료, 회의자료는 1차자료이다.

12 책이음 서비스 … 이용자가 하나 이상의 공공도서관에서 서비스를 제공받고자 할 경우, 공공도서관 책이음의 회원으로 가입한 후, 책이음에 참여하고 있는 공공도서관을 별도의 회원가입 절차 없이 이용할 수 있다. 책이음 회원이면 누구나 참여 공공도서관에서 도서를 대출하고 반납할 수 있고, 책이음 서비스 홈페이지를 통해 이용자 본인이 가입한 도서관 현황과 대출 및 반납한 모든 자료를 일괄로 조회할 수 있다.
① 책바다 서비스 : 국가상호대차서비스
② 책나래 서비스 : 도서관 방문 이용이 어려운 장애인 등을 위하여 이용자가 필요로 하는 도서관 자료를 우체국 택배를 이용하여 무료로 집까지 제공해 주는 서비스
④ 책다모아 서비스 : 개인의 서재에서 잠자고 있는 책들을 기증 받아 국립중앙도서관에 소장 되어 있지 않은 자료는 소장하여 영구히 보존하고, 이미 소장된 자료는 작은도서관, 문고, 병영도서관 등 필요로 하는 소외지역 도서관에 나누어 주는 범국민을 대상으로 하는 도서기증나눔운동

13 KOLIS-NET … 국가자료종합목록은 국립중앙도서관을 비롯한 전국 1,400여 개 공공·전문도서관과 정부부처 자료실이 공동으로 구축하는 통합 목록 데이터베이스다. 국립중앙도서관은 2001년부터 국내 도서관과의 상호협력 네트워크를 기반으로 국가자료종합목록을 운영하고 있다.
① KESLI : 한국과학기술정보연구원(KISTI)에서 운영하고 있는 전자저널 국가 컨소시엄
② KSLA-NET : 한국학교도서관협의회

정답 및 해설 9.③ 10.② 11.④ 12.③ 13.④

14 구글의 페이지랭크(PageRank) 알고리즘에 대한 설명으로 옳지 않은 것은?

① 웹 페이지의 상대적 중요성을 측정하기 위해 웹 그래프를 기반으로 웹 페이지의 우선순위를 측정하는 방식이다.

② 중요한 페이지일수록 실제 PageRank 값은 낮다.

③ 여러 페이지가 어떤 페이지에 링크되는 것은 링크된 페이지가 그만큼 중요하다는 의미를 담고 있다.

④ 각각의 웹 페이지는 전진 링크와 후진 링크로 나누어진다.

15 정보검색에서 색인을 통제어 색인과 자연어 색인으로 구분할 경우, 통제어 색인의 장점으로 옳지 않은 것은?

① 용어의 의미상 모호함을 해결할 수 있다.

② 관련 개념에 대한 검색이 가능하다.

③ 새로운 개념에 대한 표현이 용이하다.

④ 관련 문헌의 검색이 누락되는 것을 최소화 할 수 있다.

16 Science Direct에 대한 설명으로 옳은 것은?

① 과학기술, 사회과학, 인문학 및 예술 영역의 핵심적인 학술저널을 대상으로 한 인용 색인을 포함한다.

② Elsevier에서 제공하는 전자저널 데이터베이스이다.

③ 온라인 종합목록인 WorldCat을 포함한다.

④ 미의회도서관과 OCLC가 합동으로 개발한 글로벌 협력형 디지털정보 서비스이다.

17 국내 도서관이 보유하고 있지 않은 해외 학술지 원문을 입수하려고 할 때, 원문 신청이 가능한 서비스는?

① 누리미디어의 DBpia
② 한국학술정보의 KISS
③ 국가전자도서관(www.dlibrary.go.kr)
④ 한국과학기술정보연구원의 NDSL

---

14 ② 중요한 페이지일수록 실제 PageRank 값은 높다.

15 ③ 새로운 개념에 대한 표현이 용이한 것은 자연어 색인의 장점이다.

16 Science Direct … 세계 최대의 온라인 저널 원문 데이터베이스로 Elsevier에서 발행하는 약 2,500여 종의 저널과 26,000여 권 이상의 도서를 수록 중인 전자자원이다.
① Web of Science
③ OCLC FirstSearch
④ QuestionPoint

17 한국과학기술정보연구원의 NDSL
  ㉠ NDSL의 최대 장점은 정보의 다양성 : 다양한 유형의 정보를 통합적으로 제공함으로써, 이용자들은 여러 사이트를 찾아다닐 필요 없이 NDSL을 통해 원스톱으로 여러 형태의 정보 검색이 가능
  ㉡ 품질이 검증된 신뢰성 있는 정보를 신속하게 제공 : 국내외에 산재해 있는 정보 중에서 신뢰성 있는 정보를 선별하여 제공하며, 다양한 정보기관들과의 긴밀한 협력을 통해 최신 정보를 적기에 입수 · 제공하는 체제를 구축
  ㉢ 전 세계 정보자원과 연계되는 게이트웨이 : 국내외 400개 가까운 기관의 협력망을 구축해, 이용자들이 KISTI 뿐만 아니라 해당 기관에서 소장하고 있는 정보자원까지 공동으로 활용이 가능
  ㉣ 개인 맞춤형 정보 제공 : 개인별 최신정보 알리미서비스, 이용자 검색 이력을 활용한 콘텐츠 추천서비스 등 개인 맞춤형 서비스를 제공
  ㉤ Open KISTI, Open Service : NDSL 사이트에 들어오지 않고도, NOS(NDSL Open Service)를 통해 이용자 소속기관 사이트에 직접 NDSL 콘텐츠 이용이 가능

정답 및 해설 14.② 15.③ 16.② 17.④

18 디지털 도서관 환경에서 SDI(Selective Dissemination of Information) 서비스의 설명에 해당하는 것만을 모두 고른 것은?

> ㉠ 이용자의 정보요구를 담은 이용자 프로파일(profile)을 생성해야 한다.
> ㉡ 전자메일이나 다양한 개인 모바일 매체를 이용한다.
> ㉢ 알림 서비스(alert service)로도 볼 수 있다.
> ㉣ 소급탐색 중심의 서비스이다.

① ㉠, ㉡　　　　　　　　　　　　② ㉢, ㉣
③ ㉠, ㉡, ㉢　　　　　　　　　　④ ㉡, ㉢, ㉣

19 서지 탐색 시 포괄적 정보원에서 구체적 정보원으로 탐색하는 방법(general-to-specific approach)은?

① 점진 분할 전략(successive fractions strategy)
② 인용문헌 확대탐색(citation pearl growing)
③ 특정패싯 우선전략(most-specific-facet-first)
④ 인용 색인(citation index)의 활용

20 참고서비스의 성공에 영향을 미치는 주요 과정을 '투입, 과정, 산출/결과'로 구분할 때, '산출/결과'에 해당하는 요인은?

① 참고 사서의 역량
② 참고 집서
③ 이용자 정보역량의 강화
④ 이용자와 사서의 상호작용

18 ㉣ 소급탐색(retrospective search : RS)은 특정 주제와 관련된 정보 자료를 소급하여 탐색하는 것으로 데이터베이스에 수록되어 있는 관련 정보 자료를 모두 탐색하거나 특정 연도 이후에 출판된 정보만을 탐색하도록 할 수 있다. SDI는 정보의 선택적 제공으로 소급탐색 중심의 서비스가 아니다.

19 점진 분할 전략 … 탐색질문의 주제 중에서 광범위한 주제를 먼저 탐색한 후, 그 결과를 원하는 정도의 검색결과에 이를 때까지 초기 검색결과의 크기를 축소시켜 나가는 방법

② 인용문헌 확대탐색 : 찾고자 하는 검색주제에 가장 적합한 레코드 몇 건을 찾아내어 그 레코드에 인용된 문헌이나 혹은 그 레코드에 부여된 디스크립터, 키워드 등을 색인어를 이용해 다시 검색함으로써 점점 검색결과를 늘려 원하는 정보에 접근하는 방법

③ 특정패싯 우선전략 : 검색질문의 주제에 내포된 다수의 세부주제를 분석한 뒤 각 세부주제별로 패싯을 만든후, 각 패싯별로 검색어를 선정하고 검색문을 작성→세부주제별로 여러 개의 패싯 중에서 검색개념의 특정성이 가장 높은 패싯을 가장 먼저 검색하는 방법

20 ①② 투입   ④ 과정

※ Richard Bopp의 정보서비스 평가요소 설정

㉠ 참고자원 평가

㉡ 참고조사업무 평가

㉢ 정보서비스 평가

정답 및 해설 18.③   19.①   20.③

1 데이터베이스명과 정보제공 분야의 연결이 옳지 않은 것은?

① LexisNexis – 뉴스, 인물, 산업, 법률 분야

② WestLaw – 법률 및 비즈니스 분야

③ ERIC – 교육 분야

④ PubMed – 음악 및 예술 분야

2 참고면담의 비언어적 행위와 기법의 연결이 옳지 않은 것은?

① 의복이나 향수 – 가공행위

② 억양이나 음색 – 의사언어

③ 감정적으로 공감 – 신체언어

④ 대화자 상호 간의 물리적 거리 – 공간행위

3 정보서비스 중 간접서비스 기능이 아닌 것은?

① 참고정보원의 개발과 구성   ② 서지정보원의 구비

③ 정보서비스 평가   ④ 연구 협조와 자문

4 시소러스의 용어관계 기호에 대한 설명으로 옳지 않은 것은?

① BT – 상위 개념의 용어

② SN – 개념에 대한 설명

③ UF – 다음에 오는 용어가 우선어임을 지시

④ NT – 하위 개념의 용어

5 다음 설명에 해당하는 것은?

> • 전국의 교육기관, 연구기관 및 기업체 도서관을 대상으로 해외 학술 전자저널의 공동구매를 추진한다.
> • 사업의 주관기관은 과학기술정보통합서비스인 NDSL(National Digital Science Library)을 기반으로 통합 전자저널 서비스를 제공한다.
> • 국내 전자저널 도입과 활용의 범위 확대에 기여한다.

① KORSA
② KESLI
③ KERIS
④ KOLIS-NET

---

1 ④ PubMed − 생명과학 및 생물의학

2 ③ 감정적으로 공감 − 감정이입(언어적 기법)
※ 참고면담 커뮤니케이션 기법
  ㉠ 언어적 기법 : 감정이입, 경청, 개방적 질문, 재진술
  ㉡ 비언어적 기법 : 신체언어, 의사언어, 공간적 행위, 가공적 행위

3 정보서비스의 간접적인 기능은 직접적인 기능의 보조적 성격을 가진다. 주로 경영·관리와 관련된 활동으로 참고정보원의 개발과 구성, 서지정보원의 구비, 정보서비스 평가, 자원파일의 유지, 참고사서의 연수 등이 해당한다.
④ 연구 협조와 자문→상담 및 지도/안내

4 ③ UF(Use For) − 다음에 오는 용어가 비우선어임을 지시(역참조) ↔USE
① Broader Term
② Scope Note
④ Narrow Term

5 제시된 내용은 KESLI에 대한 설명이다. KESLI는 한국과학기술정보연구원(KISTI)에서 운영하고 있는 전자저널 국가 컨소시엄으로, 국가 디지털 과학 도서관 구축 사업의 일환이다.
① 학술정보공동활용협의회(KOREA RESOURCES SHARING ALLIANCE)
③ 한국교육학술정보원
④ 국가자료공동목록시스템

정답 및 해설 1.④ 2.③ 3.④ 4.③ 5.②

6 JCR(Journal Citation Reports)에서 제시하는 정보가 아닌 것은?

① 즉시색인지수(immediacy index)

② 영향력지수(impact factor)

③ 피인용반감기(cited half-life)

④ 문헌전달능력지수(capability index)

7 정보원과 제공되는 정보 유형을 옳게 짝지은 것은?

정보원	정보 유형
㉠ KOSIS	A. 석 · 박사학위논문
㉡ CAS	B. 인물 정보
㉢ BGMI	C. 화학 분야 정보
㉣ PQDT	D. 특허 정보
㉤ KIPRIS	E. 통계 정보
㉥ The Columbia Gazetteer of the World	F. 지리 정보

① ㉠ – F, ㉡ – C, ㉢ – B

② ㉠ – E, ㉣ – A, ㉤ – D

③ ㉡ – C, ㉢ – E, ㉥ – F

④ ㉣ – A, ㉤ – D, ㉥ – B

8 쿨타우(C. Kuhlthau)의 정보탐색과정 모델에서 ㉠, ㉡에 들어갈 말로 옳은 것은?

시작 – (㉠) – 탐색 – (㉡) – 수집 – 제시

㉠	㉡
① 연결	검증
② 분석	추출
③ 주지	여과
④ 선택	형성

9 정보서비스를 정보제공과 교육으로 구분할 때, 정보제공에 포함되는 활동만을 모두 고르면?

㉠ 레퍼럴 서비스(referral service)
㉡ 상호대차
㉢ 서지정보의 확인
㉣ 오리엔테이션
㉤ 서지교육

---

① ㉠, ㉡

② ㉠, ㉡, ㉢

③ ㉡, ㉢, ㉣

④ ㉢, ㉣, ㉤

---

6 Journal Citation Reports는 인용 자료를 바탕으로 정량화할 수 있는 통계 정보를 활용해 세계 주요 학술지를 비판적으로 평가할 수 있는 체계적이고 객관적인 수단을 제공한다. 논문의 인용 참고 문헌을 바탕으로 학술지와 범주별로 연구 영향력을 측정하도록 돕고, 인용하는 학술지와 인용되는 학술지의 상관관계를 보여준다.

7 ㉠ KOSIS − 국가통계포털 − E
㉡ CAS − Chemical Abstract Service − C
㉢ BGMI − Biography and Genealogy Master Index − B
㉣ PQDT − ProQuest Dissertations and Thesis − A
㉤ KIPRIS − 특허정보검색서비스 − D
㉥ The Columbia Gazetteer of the World − 지리적 색인 − F

8 쿨타우의 정보탐색과정 모형

단계	행동	감정
시작	연구 주제 결정 준비	불확실
선택	연구 주제 결정	낙관
탐색	주제 일반에 관한 정보 탐색	혼돈 / 불확실 / 의심
형성	발견된 정보로부터 집중 분야 초점 형성	명료
수집	초점의 정의 확대 지원을 위한 정보 수집	방향감 / 자신감
제시	정보탐색 완료 및 결과물 작성 준비	안도 / 만족 / 불만족

9 ㉣㉤은 정보교육에 포함되는 활동이다.

10 미국의 정부간행물과 법률을 집중적으로 다루고 있는 정보원은?

① Inspec Direct
② GPO monthly catalog
③ ABI/INFORM
④ PsycINFO

11 시소러스에 대한 설명으로 옳지 않은 것은?

① 개념을 나타내는 단어나 구 및 이들 간의 관계로 구성되는 일종의 사전이다.
② 등가관계는 우선어와 비우선어의 관계이다.
③ 적절한 색인어 선택 및 효과적인 검색어의 선택에 사용된다.
④ 연관관계는 계층관계를 나타내는 용어들의 관계이다.

12 베이츠(M. Bates)가 제시한 '딸기 따기(Berrypicking)' 모델에 대한 설명으로 옳지 않은 것은?

① 질의는 검색과정에서 불변의 개념이 아니라 계속 변화하는 개념이다.
② 한 번에 최상의 검색 결과를 도출하는 것을 목표로 한다.
③ 검색 과정 동안에 다양한 검색 전략이 사용된다.
④ 검색에 사용되는 정보원도 형태나 내용 측면에서 계속하여 변한다.

13 정보검색에서 정확률을 높이기 위한 방법으로 옳지 않은 것은?

① 가중치를 부여하여 검색한다.
② 용어절단기법을 많이 사용한다.
③ 구검색(phrase searching)을 위주로 한다.
④ 서명 필드로 제한 검색을 한다.

14 CCL(Creative Commons License) 표기와 의미의 연결이 옳은 것은?

① SA : 저작자표시

② NC : 동일조건변경허락

③ ND : 변경금지

④ BY : 비영리

---

10 ② GPO Monthly Catalog : 미국의 월간 정부간행물
　　① Inspec Direct : 전기전자, 물리학을 넘어 전 공학 분야 관련
　　③ ABI/INFORM : 글로벌, Trade & Industry, Dateline으로 구성
　　④ PsycINFO : 심리학 학술지의 초록

11 ④ 연관관계는 연상관계, 친근관계를 나타내는 용어들의 관계이다.

12 ② 적합한 정보나 자료들은 마치 딸기처럼 뿔뿔이 흩어져 있으므로 한 번에 최상의 검색 결과를 도출하는 것을 목표로 하지 않고, 다양한 검색 전략을 사용하여 최적의 결과를 도출한다.

13 ② 용어절단기법은 재현율을 높이기 위한 방법이다.

14 ③ ND(No Derivative Works) : 변경금지
　　① SA(Share-alike) : 동일조건변경허락
　　② NC(Noncommercial) : 비영리
　　④ BY(Attribution) : 저작자표시

정답 및 해설 10.② 11.④ 12.② 13.② 14.③

15 도서관에서 정기간행물 구독을 위해 참고할 수 있는 서지만을 모두 고르면?

> ㉠ Information Please Almanac
> ㉡ The Serials Directory
> ㉢ Books In Print
> ㉣ Ulrichsweb

① ㉠, ㉡   ② ㉠, ㉢
③ ㉡, ㉣   ④ ㉢, ㉣

16 다음은 버너스리(T. Berners-Lee)가 제안한 시맨틱 웹의 계층구조이다. ㉠～㉢에 들어갈 말로 옳은 것은?

	㉠	㉡	㉢
①	URI	온톨로지 어휘	전자서명
②	온톨로지 어휘	URI	전자서명
③	전자서명	온톨로지 어휘	URI
④	URI	전자서명	온톨로지 어휘

15 ⓒ 세계 각국의 정기·비정기 유료·무료 잡지, 신문 등 순차 간행물에 관한 종합적인 서지 정보 데이터베이스
　ⓔ 전 세계에서 출판되는 인기 연재물에 대한 최신 정보 및 가격에 대한 정보
　ⓐ 미국에서 발행하는 정보 연감
　ⓑ 단행본과 전집 대상의 상업 서지 정보

16 **시맨틱 웹**…기존 웹을 확장해 컴퓨터가 이해할 수 있는 의미를 기반으로 의미적 상호운용성(semantic inter-operability)을 실현함으로써 컴퓨터 스스로 정보자원 처리, 데이터 통합 및 재사용 등을 수행하여 인간과 컴퓨터 간의 효과적인 협력체계를 구축하기 위한 것이다. 즉 컴퓨터가 사용자를 대신해 웹에 존재하는 정보자원의 의미를 이해하고, 정보를 검색·추출·해석·가공하는 등 제반 처리를 수행토록 하는 컴퓨터 중심의 기술이다.
　※ 시맨틱 웹의 계층구조

17 다음 글에서 설명하고 있는 색인 작성과 관련된 용어는?

> • 색인될 개념이 고유명사이거나, 통제어휘에서 찾을 수 없을 경우에 할당되는 용어
> • 통제어휘로부터 선택된 것은 아니지만 색인 작성자에 의해 할당되는 용어

① 식별어(identifier)
② 불용어(stopword)
③ 디스크립터(descriptor)
④ 우선어(preferred term)

18 한국과학기술정보연구원(KISTI)에서 제공하는 서비스는?

① KSCI 서비스
② UNICAT 서비스
③ DDOD/PQDT 서비스
④ dCollection 서비스

19 문헌표제 'Indexing and Abstracting for Information Retrieval'에서 키워드 'Abstracting', 'Indexing', 'Information', 'Retrieval'이 추출되는 색인 기법은?

문헌표제 : Indexing and Abstracting for Information Retrieval		
Indexing and	Abstracting	for Information Retrieval.
Information Retrieval.	Indexing	and Abstracting for
Abstracting for	Information	Retrieval. Indexing and
for Information	Retrieval.	Indexing and Abstracting

① 용어열 색인
② KWIC 색인
③ 유니텀 색인
④ 패싯 분류

20 도서관 협력활동과 그 사례의 연결이 옳지 않은 것은?

① 협동 편목 – WorldCat
② 협력형 참고서비스 – QuestionPoint
③ 협동 수서 – Farmington Plan
④ 협동 보존 – DOCLINE

---

17 제시된 내용은 식별어에 대한 설명이다.

18 ① KSCI 서비스는 한국과학기술정보연구원에서 제공하는 한국과학기술인용색인 서비스이다.
②③ RISS ④ KERIS

19 KWIC(Key Word in Context) 색인의 기본 원리
㉠ 문장 형식(구, 절 등)을 갖춘 표제에서 추출
㉡ 추출한 단어 중에서 불용어를 컴퓨터에 등록
㉢ 불용어 이외의 모든 단어를 키워드로 선정
㉣ 각 키워드를 알파벳순으로 배열하여 문맥 중앙에 고정시키고, 키워드 좌우에 표제에 따른 단어를 문장형으로 인쇄

20 ④ DOCLINE은 미국 NLM(National Library of Medicine)에서 개발한 자동화된 도서관 상호대차 시스템으로, 보건 관련 전문인들에게 의학 도서관 국가망(National Network Library of Medicine : NNLM)을 통해서 도서관 상호대차의 빠른 루트를 제공해 주고, 필요로 하는 원문을 신속하게 받아볼 수 있도록 하는 원문 제공 서비스이다.

정답 및 해설 17.① 18.① 19.② 20.④

1 〈보기〉에 제시된 설명에 해당하는 정보서비스의 개념으로 가장 옳은 것은?

〈보기〉

참고봉사의 원형이라고 말할 수 있을 만큼 도서관봉사의 출발과 궤를 같이하며, 형성 초기에는 '이용자협조(aids to the readers)'라고 칭하였다. 어린이든 성인이든 이용자에게 최적의 자료들을 선정해주고 향후의 독서계획을 실징해 주며, 이를 장서개발 정책에 반영하는 역학이다

① Reader's Advisory Service

② Bibliotherapy

③ Selective Dissemination of Information

④ Term Paper Counseling

2 〈보기〉의 문헌집단 분할표를 참고하여 구한 '누락률'은?

〈보기〉

	검색된 문헌	검색되지 않은 문헌
적합 문헌	30	10
부적합 문헌	30	20

① 25% ② 75%

③ 50% ④ 40%

3 〈보기〉는 참고서비스의 평가방법에 대한 설명을 나열한 것이다. ㉠~㉢에 해당하는 평가방법으로 가장 옳은 것은?

〈보기〉

㉠ 이용자의 행동을 연구하고자 할 때 가장 유용한 방법이다.

㉡ 설문지를 설계하는 초기 단계에서 유용한 방법이다.

㉢ 잘 정의된 주제에 대한 사람들의 태도를 연구할 때 적절한 방법이다.

	㉠	㉡	㉢
①	관찰	서베이	사례연구
②	관찰	면접	서베이
③	관찰	사례연구	면접
④	면접	관찰	서베이

---

1 제시된 내용은 정보서비스의 독서상담서비스 역할에 대한 설명이다.
① Reader's Advisory Service : 독자상담서비스, 독서상담
② Bibliotherapy : 독서치료
③ Selective Dissemination of Information : 정보의 선택적 배포
④ Term Paper Counseling : 논문작성 상담, 보고서 작성

2 누락률 $= \dfrac{검색되지\ 않은\ 적합\ 문헌\ 수}{전체\ 적합\ 문헌\ 수} \times 100 = \dfrac{10}{40} \times 100 = 25\%$

3 ㉠ 관찰 : 조사대상의 행동패턴을 관찰하고 기록함으로써 자료를 수집하는 방법
㉡ 면접 : 조사자와 피조사자가 얼굴을 맞대고 상호작용하면서 필요한 자료를 얻어 내는 방법
㉢ 서베이 : 다수의 응답자들을 대상으로 설문조사에 의하여 자료를 수집하는 방법

정답 및 해설 1.① 2.① 3.②

4 〈보기〉는 검색언어에 대한 설명이다. ㈎~㈐에 들어갈 내용으로 가장 옳은 것은?

〈보기〉

- 동형이의어는 (가) 표현과 검색에서, 전후관계의 결핍으로 다의성 문제가 야기된다.
- (나)에서는 용어 간 구문관계를 나타내는 역할기호나 숫자와 같은 장치로 (다)에서는 불가능한 구문 문제를 처리할 수 있다.
- (라)는 갱신(updating)이 필요 없는 반면에 (마)는 갱신이 필요하다.

	㈎	㈏	㈐	㈑	㈒
①	통제어	자연어	자연어	자연어	통제어
②	자연어	자연어	통제어	통제어	자연어
③	자연어	통제어	자연어	자연어	통제어
④	통제어	통제어	자연어	통제어	자연어

5 〈보기〉는 더블린 코어(Dublin Core) 메타데이터의 요소와 정의를 설명한 것이다. 옳지 않은 것을 〈보기〉에서 모두 고른 것은?

〈보기〉

㉠ Identifier : 특정 맥락 내에서의 자원에 대한 명백한 참조
㉡ Type : 자원의 물리적 구현 형식 또는 디지털 구현 형식
㉢ Relation : 현재 자원이 파생된 자원에 대한 참조
㉣ Contributor : 자원의 내용물에 기여한 책임을 가지는 개체

---

① ㉠, ㉡   ② ㉠, ㉢

③ ㉡, ㉢   ④ ㉢, ㉣

4 (가)(다)(라) **자연어** : 문헌의 포함된 용어 가운데 주요 용어들을 그대로 색인어로 사용

(나)(마) **통제어** : 문헌을 분석하여 대표적인 개념을 추출하되 추출된 개념들은 통제어휘집으로부터 색인어를 선택하여 채택

※ 자연어 색인과 통제어 색인의 장단점

구분	자연어	통제어
장점	• 비용이 저렴하다. • 다양한 접근점을 제공한다. • 신축성과 특정성이 높다. • 새로운 개념이나 복잡한 개념의 표현이 용이하다. • 융통성과 표현력이 좋다. • 정확률을 높일 수 있다. • 주제 전문가에게 유리하다.	• 동의어와 동음이의어가 통제된다. • 부적합 문헌의 통제를 위한 전조합이 가능하다. • 용어의 계층관계를 나타낸다. • 관련 개념의 용어를 제시한다. • 재현율을 높일 수 있다. • 지식의 영역 파악이 가능하다. • 검색 전문가에게 유리하다.
단점	• 탐색자에게 부담을 준다. • 동의어와 동음이의어 문제가 발생한다. • 동일한 개념이 저자에 따라 다양하게 분산될 수 있다. • 재현율이 낮다. • 표준화가 불가능하다. • 해당분야의 어휘를 알아야 한다. • 개념 간의 관계정립이 불가능하다.	• 색인자의 오류가 있을 수 있다. • 소수의 접근점만을 제공한다. • 신축성 낮다. • 새로운 개념이나 복잡한 개념의 표현이 어렵다. • 특정성이 낮다. • 표현이 자유롭지 못하다.

5 ⓒ Type : 해당 자원의 내용에 관한 성격이나 장르

ⓔ Relation : 관련된 자원에 대한 참조

※ 더블린 코어 메타데이터 요소와 정의

요소명	정의
Titles	자원에 부여한 명칭
Creator	자원의 내용을 작성하는 데 주된 책임을 진 개체
Subject	자원의 내용이 지닌 주제
Description	자원의 내용에 대한 설명
Publisher	해당 자원을 이용할 수 있도록 책임을 진 개체
Contributor	자원의 내용에 기여한 개체
Date	해당 자원의 일생에서 발생한 이벤트 날짜
Type	해당 자원의 내용에 관한 성격이나 장르
Format	자원의 물리적, 디지털 구현형
Identifier	특정한 상황에서 자원에 대한 분명한 참조
Source	현재의 자원이 유래한 자원에 대한 참조
Language	자원의 지적 내용의 언어
Relation	관련된 자원에 대한 참조
Coverage	자원의 내용 범위
Rights	자원에 관한 권리에 관한 정보

정답 및 해설 4.③ 5.③

6 〈보기〉는 SCONUL(Society of College, National and University Libraries)에서 제시한 '7 정보이용능력모형'이다. 능력 2의 'A'에 해당하는 것은?

	〈보기〉
능력 1	정보요구의 인지(Recognize information need)
능력 2	A
능력 3	정보탐색 전략의 수립(Construct strategies for locating)
능력 4	B
능력 5	비교 및 평가(Compare and evaluate)
능력 6	정보의 조직과 전달(Organize, apply and communicate)
능력 7	종합과 창조(Synthesise and create)

① 정보의 식별과 접근(Locate and access)
② 정보의 활용(Use of information)
③ 정보격차의 구분(Distinguish ways to addressing gap)
④ 정보문제의 정의(Task Definition)

7 '상업서지'에 대한 설명으로 가장 옳은 것은?

① 형태가 양장본이나 페이퍼백으로 된 단행본 및 전집과 비도서, 연속간행물 등도 포함한다.
② 구입 가능한 자료에 중점을 두며, 국가서지로도 불린다.
③ 정보는 출판사에 의해 수집되며 개개의 항목은 서지의 편집자에 의해 검사되지 않고 수록된다.
④ 시간의 관점에서 이전에 출판되었거나 지금 출판되고 있는 자료를 주된 대상으로 하며 출판 예정자료는 제외된다.

8 RDF(Resource Description Framework)의 응용분야에 해당하지 않는 것은?

① 자원의 검색과 편목
② 자원의 내용 순위부여 및 평가
③ 디지털 서명 및 지적 재산권 보호
④ 정보자원을 주제별로 묶고 주제와 주제 간의 관계를 나타내어 정보자원에 대한 의미적 지식을 표현

9 링크정보를 이용한 순위화기법인 PageRank 알고리즘에 대한 설명으로 옳은 것을 〈보기〉에서 모두 고른 것은?

> 〈보기〉
> ㉠ 전진링크와 후진링크를 활용하여 Authority 페이지들과 Hub 페이지들을 찾는 것이다.
> ㉡ 셀프링크, 중복링크, 그리고 상호 링크된 데이터베이스와 미러사이트로부터의 링크는 모두 제외된다.
> ㉢ 특정한 페이지의 순위가 높다면, 해당 페이지로 링크되는 페이지들의 순위가 높다는 것을 의미한다.
> ㉣ 웹페이지의 인기도에 따른 검색결과 순위화 기법이다.

① ㉠, ㉡　　　　　　　　　　　　　② ㉢, ㉣

③ ㉡, ㉢, ㉣　　　　　　　　　　　④ ㉠, ㉡, ㉢, ㉣

---

6 SCONUL의 정보문해 7주 모형
　㉠ 정보 요구의 인지
　㉡ 정보의 갭(gap) 해결방법 식별
　㉢ 검색전략 구축
　㉣ 검색 및 접근
　㉤ 비교 및 평가
　㉥ 조직과 적용 및 전달
　㉦ 종합 및 생성

7 상업서지는 출판된 자료를 선정하는 데 필요한 정보를 제공하는 서지로, 출판사나 서점이 도서판매를 위하여 출판한 목록이다.

8 RDF(Resource Description Framework)는 상이한 메타데이터 간의 효율적인 교환 및 상호호환을 위하여 명확하고 구조화된 의미표현을 제공하기 위한 것으로, ④는 RDF의 응용분야에 해당하지 않는다.

9 ㉠ HITS 알고리즘에 대한 설명이다.
　㉡ 셀프링크, 중복링크, 상호 링크된 데이터베이스와 미러사이트로부터의 링크는 모두 정상적인 링크로 포함한다.

정답 및 해설　6.③　7.③　8.④　9.②

10 정보서비스 평가 요소에 대한 학자의 주장이나 제안으로 가장 옳은 것은?

① 짜이찌(Zweizig)는 사실형 질문의 답변에 대한 평가에 한정하여 평가요소를 6가지 영역에서 제시하였다.

② 휘틀래치(Whitlatch)는 사서의 개인적인 성과 등을 포함하여 정보서비스의 다양한 요소에 대해 평가할 것을 주장하였다.

③ 봅(Bopp)은 정보서비스의 평가에 특수 이용자 집단을 위한 평가를 포함시켰다.

④ 카츠(Katz)는 이용자의 참고질문 등 질문과 해답의 관점에서 평가요소를 제시하였다.

11 〈보기〉에서 설명하는 새로운 형태의 도서관 공간 개념으로 가장 옳은 것은?

> 〈보기〉
> • 사람들이 함께 모여 3D 프린터 등 특정 기술과 장비를 가지고 상상 및 창의 활동을 지원하며, 새로운 것을 창조하고 협업하는 곳이다.
> • 이용자들이 스스로 창의적으로 생각하며, 스스로의 해결책을 모색할 수 있도록 가르친다.
> • 무한상상실, 아이디어팩토리, 핵커스페이스 등의 용어들과 유사한 개념이다.

① 메이커스페이스   ② 라키비움
③ 미디어테크   ④ 라이브러리파크

12 시멘틱 웹 아키텍처에 대한 설명 중 가장 옳지 않은 것은?

① XML은 구문 수준을 넘어 웹 자원을 위한 메타데이터의 생성을 가능하게 한다.

② RDF와 RDF스키마는 HTML 코드 간의 관계를 RDF 그래프로 나타내기 위해 사용된다.

③ Namespace(NS)와 XML스키마는 XML 메타데이터의 사용과 상호운용성을 용이하게 한다.

④ 온톨로지는 시멘틱 웹의 필수적 요소로서 웹 자원들을 표현하는 보편적 통제어휘로 간주할 수 있다.

13 텍스트 요약을 위한 연구에서 에드먼슨(Edmundson)은 중요 문장을 인지하는 방법으로 4가지 다른 기법을 사용하였다. 에드먼슨이 사용한 4가지 기법을 가장 옳게 나열한 것은?

① 어휘사슬 기법, 클러스터링 기법, 단서어 기법, 주요어 기법

② 어휘사슬 기법, 표제어 기법, 연결 기법, 문장위치 기법

③ 문장위치 기법, 연결 기법, 클러스터링 기법, 어휘사슬 기법

④ 문장위치 기법, 단서어 기법, 주요어 기법, 표제어 기법

---

10 ① 짜이찌(Zweizig)는 정보서비스에 대한 이용자의 인식, 직접서비스, 참고집서, 타 기관과의 협력, 정보서비스의 운영체제, 재정적 측면 등 6개 영역의 평가를 주장하였다.
② 카츠(Katz)는 사서의 개인적인 성과 등을 포함하여 정보서비스의 다양한 요소에 대해 평가할 것을 주장하였다.
④ 휘틀래치(Whitlatch)는 이용자의 참고질문 등 질문과 해답의 관점에서 평가요소를 제시하였다.

11 제시된 내용은 도서관의 '메이커스페이스'로서의 공간 개념에 대한 설명이다.
② 2008년 미국 텍사스대학의 메건 윈젯(Megan Winget)이 복합문화기관의 유형으로 제시한 라키비움은 도서관(Library), 기록관(Archives), 박물관(Museum)의 기능을 복합적으로 이행하는 통합형 수집 기관(Multidisciplinary Collecting Institution)으로 세 기관의 수집 대상인 다양한 매체의 정보물을 한꺼번에 집약적으로 수용할 수 있는 단일기관을 지칭하는 개념이다.
③ 미디어테크는 아날로그 정보매체뿐만 아니라 디지털 정보매체를 수용·저장하고 이용자에게 각종 정보이용의 기회를 제공하는 시설로 인쇄물, 사진, 비디오, 영화, 텔레비전 등 각종 정보미디어를 모아 놓고 제공하는 미디어 도서관을 의미한다.
④ 라이브러리파크는 디지털도서관 기능과 함께 복합문화정보커뮤니티(Library+Archive+Community+Art experience) 공간이다.

12 ② RDF와 RDF스키마는 XML 코드 간의 관계를 RDF 그래프로 나타내기 위해 사용된다.

13 에드먼슨이 제시한 단어의 중요도 측정방법을 달리한 네 가지 초록기법
㉠ 단서어 기법(단서어 사전 기법)
㉡ 주요어 기법
㉢ 표제어 기법
㉣ 문장위치 기법(소재지 기법)

정답 및 해설 10.③ 11.① 12.② 13.④

14 봅(Richard E. Bopp)과 스미스(Linda C. Smith)가 제시한 특정 연령집단에 대한 참고서비스에 대해 옳게 설명한 것을 〈보기〉에서 모두 고른 것은?

〈보기〉
㉠ 초등학교 3학년 아동은 범주화가 가능하므로 기본 분류법을 이용할 수 있다.
㉡ 아동 참고서비스는 아동, 부모, 교사, 보호자 등 모든 연령의 이용자들을 포함한다.
㉢ 아동 대상의 공식적인 도서관 자료교육은 아동 참고 서비스의 한 부분이다.
㉣ 청소년은 아동 대상 자료와 더불어서 성인 대상 자료에도 접근을 필요로 한다.

① ㉠, ㉡, ㉢
② ㉠, ㉢, ㉣
③ ㉡, ㉢, ㉣
④ ㉠, ㉡, ㉢, ㉣

15 〈보기〉는 연계검색 모델에 대한 설명이다. ㈎와 ㈏에 들어갈 내용으로 가장 옳은 것은?

〈보기〉
연계검색 모델은 콘텐츠의 외형과 내용에서 관계 정보를 추출, 이를 두 콘텐츠 간 연계 정보로 활용하도록 설계된 모델이다. 이 모델은 크게 콘텐츠 연계 기법과 독자적 검색 모델 등의 두 가지 유형이 있다. 이 중 독자적 검색 모델에는 (가)과 콘텐츠의 각종 관계적 속성을 활용하여 검색하는 경우인 (나)(예: FRBR)이 있다.

	㈎	㈏
①	브라우징 연계검색	의미기반 연계검색
②	매칭 연계검색	개체관계형 연계검색
③	매칭 연계검색	의미기반 연계검색
④	브라우징 연계검색	개체관계형 연계검색

16 킹(G. B. King)이 제시한 참고면담과정에서 사서가 밝혀야 할 사항 중 첫 번째 단계에서 밝혀야 할 내용으로 가장 옳지 않은 것은?

① 이용자가 알고 싶은 것은 무엇인가?
② 이용자가 원하는 정보의 형태는 무엇인가?
③ 이용자는 그것을 어디에 사용할 것인가?
④ 그 주제에 관한 이용자의 지식 정도는 어떠한가?

17 〈보기〉에 제시된 CCL 조건에 대한 설명으로 가장 옳은 것은?

〈보기〉

① 저작자와 출처를 표시하면 영리목적 이용도 허락한다.
② 저작자 및 출처를 표시하더라도 저작물 변경은 불가능하다.
③ 저작자와 출처를 표시하지 않더라도 자유로운 이용이 가능하다.
④ 2차적 저작물에는 원저작물에 적용된 라이선스와 동일한 라이선스를 적용해야 한다.

---

14 ㉠~㉣ 모두 옳은 설명이다.

15 ㈎ 브라우징 연계검색 : 카테고리의 분류가 중요함
　　㈏ 개체관계형 연계검색 : 콘텐츠의 각종 관계적(서지적, 사회적, 의미적 등) 속성을 활용

16 ② 원하는 정보의 형태나 양은 첫 번째 단계에서 밝혀야 할 내용은 아니다.
　　※ 참고사서가 면담과정에서 첫 번째로 확인해야 할 사항(킹의 질문분석 방법)
　　　㉠ 이용자가 알고 싶은 것은 무엇인가?
　　　㉡ 이용자가 알고 싶어 하는 이유는 무엇인가?
　　　㉢ 이용자가 그것을 어디에 사용할 것인가?
　　　㉣ 그 주제에 대한 이용자의 지식 정도는 어떠한가?

17 〈보기〉에 제시된 CCL 조건은 저작자표시 – 비영리 – 동일조건변경허락(BY – NC – SA)이다. 이 경우 저작자와 출처 등을 표시하면 저작물의 변경, 2차적 저작물의 작성을 포함한 자유이용을 허락한다. 단 영리적 이용은 허용되지 않고 2차적 저작물에는 원저작물에 적용된 라이선스와 동일한 라이선스를 적용해야 한다.

정답 및 해설 14.④　15.④　16.②　17.④

18 보존처리 기술은 보존활동에서 가장 중요한 요소기술로서, 계획된 보존전략을 수행하는 일련의 기술적 접근방식이다. 보존처리 방식 중 기술적 접근방식이 가장 다른 것은?

① 파일재생

② 에뮬레이션

③ 아날로그 백업

④ 포맷전환

19 〈보기〉에 제시한 검색식으로 예상되는 검색량을 순서대로 연결한 것으로 가장 옳은 것은?

〈보기〉

㉠ 정보 AND 검색   ㉡ 정보 OR 검색

㉢ 정보 NEAR 검색   ㉣ 정보 WITH 검색

---

① ㉠ ≥ ㉡ ≥ ㉢ ≥ ㉣   ② ㉡ ≥ ㉠ ≥ ㉢ ≥ ㉣

③ ㉡ ≥ ㉣ ≥ ㉠ ≥ ㉢   ④ ㉡ ≥ ㉠ ≥ ㉣ ≥ ㉢

20 정보서비스 평가방법에 대한 설명으로 옳은 것을 〈보기〉에서 모두 고른 것은?

〈보기〉

㉠ 사례연구 : 특정 환경이나 제한된 상황 속에서 나타나는 패턴과 전형적인 상태를 분석할 수 있는 기법이다.

㉡ PPBS법 : 계획한 프로그램 달성에 들어간 비용에 중점을 둔 평가기법이다.

㉢ 직접관찰법 : 즉각적이고 솔직한 해답을 기대할 수도 있고, 통제된 상황 하에서 수행되는 질문에 대한 해답 제시의 속도나 정확성의 정도를 검토하고 참고사서의 운영 능력을 측정, 평가하는 데 유용하다.

㉣ 목표관리법(MBO) : 기대된 서비스에 대한 실제적 서비스 결과를 측정하는 기법이다.

---

① ㉠, ㉢   ② ㉠, ㉡, ㉢

③ ㉠, ㉢, ㉣   ④ ㉡, ㉢, ㉣

18 에뮬레이션(emulation) ··· 과거의 환경을 재현하는 것으로 보존된 디지털 자원이 생성되고 이용되었던 응용프로그램과 그 응용프로그램을 사용할 수 있는 운영체제 환경을 생성 당시와 같이 재현하여 당대의 기술에서도 디지털 자원의 변형 없이 사용할 수 있도록 하는 기술이다.

※ 보존처리 기술 방식

19 검색 연산자

　㉠ 부울 연산자

　　• AND : 연산자 앞과 뒤에 있는 모든 단어가 포함된 결과를 검색

　　• OR : 연산자 앞이나 뒤에 있는 단어(또는 모두)를 포함하는 결과를 검색

　　• NOT : 연산자 다음에 있는 단어가 포함되지 않은 결과를 검색

　㉡ 인접 연산자

　　• NEAR : 연산자 앞과 뒤에 위치한 두 단어가 순서에 상관없이 서로 가깝게 위치한 결과를 검색

　　• ADJ : NEAR와 같으나 ADJ의 앞에 놓인 단어가 뒤에 놓인 단어보다 앞에 나오는 결과만 검색

　　• WITH : 연산자가 순서대로 인접하여 2단어 내에 있는 결과를 검색

20 ㉣ 목표관리법은 목표에 따라 인적 평가를 통한 효과를 점검한다. 기대된 서비스에 대한 실제적 서비스 결과를 측정하는 것은 DVT(Derived Value Test)법이다.

정답 및 해설 18.② 19.② 20.②

1 의학 관련 분야 데이터베이스로 미국 국립의학도서관에서 제작한 정보원은?

① BIOSIS

② MEDLINE

③ SCOPUS

④ SSCI

2 다음 설명에 해당하는 것은?

- 첨단 기술과 장비 사용 방법을 배우고 추상적인 아이디어를 3D 스캐너와 프린터 등을 이용해 실제 결과물로 만들어내는 창의 공간
- 사람들이 도구나 자원을 활용하는 방법을 배우고 창조적인 프로젝트를 개발할 수 있는 학습 공간
- 자원을 공유하는 협력적 학습 환경이며, 지역사회 협력관계를 유지하는 협업 공간

① 라키비움

② 가상도서관

③ 메이커 스페이스

④ 인포메이션 코먼스

3 정보원을 생성과 가공의 방법에 따라 구분할 때, 3차 정보원에 해당하는 것은?

① 백과사전

② 명감

③ 초록

④ 서지의 서지

4 정보서비스 평가기법에 대한 설명 중 방법이 다른 기법은?

① 광범위한 범위에 걸쳐 짧은 시간 내에 객관적인 조사가 가능하다.

② 특정 표본 또는 무작위 표출집단을 대상으로 설문지를 배포하여 의견을 수렴하는 방법이다.

③ 모든 해답자에게 동일한 내용을 동일한 방식으로 질문함으로써 측정도구 변화에 따른 오류를 최소화할 수 있다.

④ 해답자를 대면하여 구두질문을 함으로써 원하는 정보나 의견, 태도, 경험 등과 같은 필요한 사실을 알아내는 방법이다.

---

1 ① BIOSIS : 생물학 분야
③ SCOPUS : 과학기술, 의학, 생명과학, 사회과학 분야 학술지 초록 및 인용DB
④ SSCI : 사회과학 분야

2 제시된 내용은 메이커 스페이스에 대한 설명이다. 메이커 스페이스는 사람들이 함께 모여 3D 프린터 등 특정 기술과 장비를 가지고 상상 및 창의 활동을 지원하며, 새로운 것을 창조하고 협업하는 곳이다. 이용자들이 스스로 창의적으로 생각하며, 스스로의 해결책을 모색할 수 있도록 가르친다. 무한상상실, 아이디어팩토리, 해커 스페이스 등의 용어들과 유사한 개념이다.

3 ①②③은 2차 정보원이다.
※ 정보원의 생성과 가공에 따른 분류
   ㉠ 1차 정보원 : 원작물, 원문의 내용을 전혀 가공하지 않은 것→단행본, 정기간행물, 학술잡지 등
   ㉡ 2차 정보원 : 1차 정보를 일정한 원칙에 의해 정리한 것→백과사전, 연감, 색인, 초록 등
   ㉢ 3차 정보원 : 2차 정보를 탐색하기 위해 2차 자료를 재가공한 것→서지의 서지

4 ①②③ 설문지법   ④ 면담기법

정답 및 해설 1.② 2.③ 3.④ 4.④

5 참고면담과정에서 사용하는 폐쇄형 질문에 해당하는 것만을 모두 고르면?

> ㉠ 질문의 유형은 "도서나 학술논문이 필요한가요?"이다.
> ㉡ 고정된 답변이 없이 이용자가 자신의 용어를 사용해서 정보요구를 이야기하도록 격려한다.
> ㉢ 특정한 주제나 자료에 대한 이용자 의견을 좁혀서 명확하게 초점을 맞추려는 경향이 있다.
> ㉣ 사서의 경험이나 편견에 기초하여 이용자의 요구에 대해 너무 일찍 부정확한 결론에 도달하는 것을 피하도록 돕는다.

① ㉠, ㉡   ② ㉠, ㉢
③ ㉡, ㉣   ④ ㉢, ㉣

6 자동색인에 사용되는 방법은?

① 클러스터링 기법   ② 형태소 분석 기법
③ 신경망 분류기   ④ K-means 기법

7 전통적인 불리언논리 모델에 대한 설명으로 옳은 것은?

① 질의어와 문헌 간 유사성을 계산하여 결과물을 유사성의 크기에 따라 순위화하는 모델이다.
② 각 용어에 대한 가중치는 질의 혹은 문헌에 있는 용어의 상대적 중요성에 해당된다.
③ OR 연산자는 탐색문에 있는 둘 이상의 동의어나 관련어를 연결시키는 데 사용한다.
④ 질의와 문헌 간 적합성 확률을 0%에서 100%까지 구분하여 적용하여 검색한다.

8 참고면담 기법에 대한 설명으로 옳지 않은 것은?

① 의사언어는 표정, 동작, 자세 등을 포함한다.

② 가공적 행위(artifacts)는 사회적 기능을 갖고 있고 이용자의 선입견에 영향을 미친다.

③ 감정이입은 이용자가 정서적으로 안정되어 질문표현을 정확하게 할 수 있도록 도와준다.

④ 이용자 질문이 있을 만한 서비스 구역 주위를 걷는 것은 긍정적인 신체언어이다.

9 Karen Spärck Jones의 역문헌 빈도(inverse document frequency)에 대한 설명으로 옳은 것은?

① 특정 단어가 출현한 문헌의 수이다.

② 한 문헌에 특정 단어가 출현한 횟수이다.

③ 두 단어가 같은 문맥에 출현하면 이 단어들은 서로 관련이 있으며, 두 단어가 같은 문맥에 함께 출현하는 횟수가 많을수록 더 깊이 관련되어 있다.

④ 문헌 빈도가 낮은 단어에 높은 중요도를 부여하는 것으로, 많은 문헌에 출현한 단어는 문헌들을 식별하는 능력이 낮다는 가설에 기초한다.

---

5 ㉡은 개방형 질문, ㉣은 중립형 질문에 해당한다.

6 자동색인에 사용되는 형태소 분석 기법은 문서에 포함되어 있는 단어들을 형태소 단위로 분석하여 색인어로서 가치가 있는 단어들을 추출한다.
①③④는 문헌 범주화와 관련 있다.

7 전통적인 불리언논리 모델은 불 논리 및 전통적인 집합론을 기반으로 하여 검색 대상이 되는 문서들과 사용자의 질의를 모두 단어들의 집합으로 간주한다. 전통적인 불리언논리 모델은 유사성, 용어 가중치 등을 사용하지 않는다.

8 ① 표정, 동작, 자세 등은 비언어적 기법 중 신체언어이다.

9 역문헌 빈도는 문헌 집단에서 출현빈도가 낮을수록 색인어의 중요도가 높다는 가정하에 가중치를 부여하는 기법이다.
① 문헌빈도에 대한 설명이다.
② 단어빈도에 대한 설명이다.

정답 및 해설 5.② 6.② 7.③ 8.① 9.④

10 〈보기 1〉의 ㉠~㉢에 들어갈 말을 〈보기 2〉의 ⓐ~ⓕ에서 바르게 연결한 것은?

〈보기 1〉

(㉠)는(은) 시스템 안에 있는 적합문헌 수에서 검색된 적합문헌 수의 비율이다.

(㉡)는(은) 시스템으로부터 검색된 문헌 수에서 적합문헌 수의 비율이다.

(㉢)는(은) 시스템 안에 있는 모든 부적합문헌 수에서 검색된 부적합문헌 수의 비율이다.

〈보기 2〉

ⓐ 정확률　　　　　　　　　ⓑ 재현율

ⓒ 보편율　　　　　　　　　ⓓ 부적합률

ⓔ 배재율　　　　　　　　　ⓕ 누락률

	㉠	㉡	㉢
①	ⓐ	ⓑ	ⓒ
②	ⓑ	ⓐ	ⓓ
③	ⓐ	ⓑ	ⓔ
④	ⓑ	ⓐ	ⓕ

11 온라인 정보자원의 이용 통계에 대한 기록과 교환을 용이하게 하여 사서와 출판업자, 정보중개자를 지원하는 기관은?

① DOI

② COUNTER

③ OAI-PMH

④ SSO

12 도서관 학술정보 탐색기능을 향상시키기 위한 웹 스케일 디스커버리 서비스(시스템)의 특징에 대한 설명으로 옳은 것은?

① 메타데이터를 통합하지 않은 분산검색 방식을 사용한다.

② 도서관 소장목록 검색과 학술자원 검색을 분리하여 실시간으로 검색하는 메타탐색 방법을 사용한다.

③ 이용자가 요청한 질의어를 디지털장서를 소유하고 있는 내외부의 장서 시스템에 전달하여 해당 시스템에서 수행된 검색결과를 조합하여 제공한다.

④ 도서관 장서, 기관 리포지토리, 구독하는 저널 기사, 공개 아카이브 자료 등을 포함하는 통합 색인을 구축하여 단일 인터페이스에서 탐색 결과를 제공한다.

---

10 ㉠ **재현율** : 시스템 안에 있는 적합문헌 수에서 검색된 적합문헌 수의 비율
㉡ **정확률** : 시스템으로부터 검색된 문헌 수에서 적합문헌 수의 비율
㉢ **부적합률** : 시스템 안에 있는 모든 부적합문헌 수에서 검색된 부적합문헌 수의 비율

11 COUNTER … 온라인 정보자원의 이용 통계에 대한 기록과 교환을 용이하게 하여 사서와 출판업자, 정보중개자를 지원하는 기관
① DOI(Digital Object Identifier) : 디지털 콘텐츠에 부여하는 식별자로 디지털 환경에서 콘텐츠 생산 및 유통, 이용을 활성화하기 위한 기술
③ OAI-PMH(Open Archives Initiative Protocol for Metadata Harvesting) : 승인된 이용자를 대상으로 기관이 보유한 메타데이터를 배포하는 서비스
④ SSO(Single Sign On) : 한 번의 로그인으로 여러 개의 서비스들을 이용할 수 있게 해주는 시스템

12 웹 스케일 디스커버리 시스템은 수많은 메타데이터에 대한 단일 색인을 생성하기 위해 출판사, 중개사업자, 통합도서관시스템, 기관레포지토리 등과 함께 업무를 수행한다.
① 메타데이터를 통합한 검색 방식을 사용한다.
② 도서관 소장목록 검색과 학술자원 검색을 분리하여 실시간으로 검색하는 메타탐색 방법은 분산검색 방식이다.
③ 단일 인터페이스에서 탐색 결과를 제공하는 것으로 각 시스템에서 수행된 검색결과를 조합하여 제공하는 것은 아니다.

정답 및 해설 10.② 11.② 12.④

13 시각장애인을 위한 특수자료 유형만을 모두 고르면?

| ㉠ 촉각도서 | ㉡ 녹음도서 | ㉢ 데이지(DAISY)자료 |

① ㉠

② ㉠, ㉡

③ ㉡, ㉢

④ ㉠, ㉡, ㉢

14 뉴스나 블로그와 같이 자주 갱신되는 정보를 이용자에게 쉽게 제공해 주기 위한 XML 기반의 서비스는?

① RFID

② RSS

③ Topic Maps

④ Z39.50

15 지프의 제1법칙(Zipf's Law)을 적용할 때, ㉠~㉢에 들어갈 숫자를 바르게 연결한 것은? (단, 상수는 120이다)

한 문헌에서 단어의 사용 빈도를 계산한 결과 'the'의 빈도가 가장 높은 것으로 나타났고, 그 다음으로 'of', 'and', 'to'의 순으로 높았다. 'the'라는 단어가 120번 사용되었다면, 같은 문헌에서 'of'는 (㉠)번, 'and'는 (㉡)번, 'to'는 (㉢)번의 사용 빈도를 나타낸다고 볼 수 있다.

	㉠	㉡	㉢
①	100	80	60
②	90	60	30
③	80	40	20
④	60	40	30

16 참고사서와 이용자의 의사소통에 대한 설명으로 옳은 것만을 모두 고르면?

> ⊙ 참고사서는 분노하거나 당황하는 이용자와 직면했을 때 일반적인 의사소통 능력뿐만 아니라 공감적 경청 기법을 사용한다.
> ⊙ 참고사서와 이용자의 개인적 상호작용은 올바른 정답을 주는 것만큼 이용자 만족과 재방문 의지에 중요한 요소이다.
> ⊙ 이용자가 표현하는 다양한 정보요구를 파악하는 의사소통기술에 대한 교육과 훈련이 필요하다.
> ⊙ 이용자와의 갈등을 최소화하기 위하여 이용자와 직원이 이용할 수 있는 성문화된 정책이 필요하다.

① ㉠

② ㉠, ㉡

③ ㉡, ㉢, ㉣

④ ㉠, ㉡, ㉢, ㉣

---

13 제시된 특수자료 모두 시각장애인을 위한 특수자료 유형이다.
※ DAISY … 시각장애인과 독서장애인을 위한 매체의 역할을 하는 국제 디지털 음성 표준 포맷

14 RSS … Rich Site Summary 또는 Really Simple Syndication 등의 머리글자를 딴 용어로, 인터넷상의 수많은 정보 가운데 이용자가 원하는 것만 골라 서비스해주는 '맞춤형 정보 서비스'이다. 웹사이트 간에 자료를 교환하거나 배급하기 위한 XML 기반의 포맷으로, 뉴스·날씨·쇼핑 등 업데이트가 빈번히 이루어지는 웹사이트에서 사용자들에게 업데이트된 정보를 자동적으로 간편하게 제공하기 위해 사용된다. RSS는 원래 넷스케이프(Netscape)에서 신문기사를 손쉽게 제공하기 위하여 시작한 것으로, 1995년 MCF로 시작하여 RDF와 CDF를 거쳐 RSS로 정착하였다.

15 지프의 제1법칙에 따르면 단어빈도와 단어순위는 반비례 관계가 나타난다(단어빈도$\propto \dfrac{1}{단어순위}$). 즉, 빈도가 순위에 따라 정렬되어 주어졌을 때, 2위에 해당하는 빈도는 1위의 빈도의 1/2이 된다. 3위의 빈도는 1위 빈도의 1/3이 된다. 이러한 방식으로, n위의 빈도는 1의 1/n이 된다.
따라서 1위인 'the'가 120번 사용되었다면 2위는 그 1/2인 60, 3위는 그 1/3인 40, 4위는 그 1/4인 30번의 사용빈도를 나타낸다고 볼 수 있다.

16 제시된 내용 모두 옳은 설명이다.

17 도서관 정보리터러시에 대한 설명으로 옳은 것은?

① 이용자가 언제 정보가 필요한지를 알고, 필요한 정보를 식별하고, 평가하고, 효율적으로 사용하는 능력이다.

② 이용자에게 건물의 물리적 시설을 소개하고 이용자가 재방문하여 자원을 이용하도록 동기를 부여하는 데 목적이 있다.

③ 도서관 이용에 대한 교육으로, 도서관에서 소장하고 있는 정보자료를 상세하게 설명하는 것에 초점을 둔다.

④ 정보리터러시 교육 이론이 처음 발표되었을 때, 공공도서관 사서들이 다른 관종의 사서들에 비해 정보리터러시 교육프로그램 개발에 더욱 적극적이었다.

18 서지결합(bibliographic coupling)에 대한 설명으로 옳지 않은 것은?

① 두 문헌의 서지결합 빈도가 높을수록 두 문헌은 주제적으로 밀접한 관계를 가질 가능성이 높다.

② 특정한 두 문헌의 서지결합 빈도는 시간이 지나면서 계속 증가한다.

③ 두 문헌이 특정한 문헌을 동시에 인용하는 경우의 관계이다.

④ 초기 문헌들을 인용하는 나중 문헌들을 연결하는 것이다.

19 19세기 후반 미국에서 도서관 이용 교육의 필요성을 주장하여 오늘날 도서관 이용 교육에 커다란 영향을 준 인물로만 묶은 것은?

① Samuel Green, Otis Robinson

② Robert Taylor, Charles Bunge

③ Samuel Green, Michael Eisenberg

④ Charles Bunge, Otis Robinson

20 Big6 Skills 모델의 기본 6단계 중 ㉠과 ㉡단계의 활동으로 옳은 것은?

| 과제 정의 → ( ) → (㉠) → (㉡) → ( ) → 평가 |

	㉠	㉡
①	소재 파악과 접근	통합정리
②	정보검색전략	소재 파악과 접근
③	소재 파악과 접근	정보활용
④	정보활용	통합정리

---

17 ② 오리엔테이션에 대한 설명이다.
③ 도서관 이용교육에 대한 설명이다.
④ 공공도서관 사서들보다는 대학도서관 등 학교도서관 사서들이 정보리터러시 교육프로그램 개발에 더욱 적극적이었다.

18 서지결합 ··· 1963년 Kessler가 제시한 이론으로 여러 개의 문헌이 공통 인용문헌을 하나 이상 갖고 있을 때 이 문헌들이 주제적으로 서로 관련 있다고 보는 기법이다.
② 동시인용법에 대한 설명이다.

19 Samuel Green은 1876년 미국도서관협회의 연차총회에서 공공도서관을 찾는 지역 주민에게 사서가 개인적인 도움을 활발히 제공하게 되면 궁극적으로는 공공 도서관을 이용하는 지역 주민이 증가하면서 공공도서관에 대한 지역사회의 재정 지원이 증가할 것이라고 주장하면서 미국의 도서관계가 참고서비스 업무를 적극적으로 수용하도록 이끌었던 도서관 사서이자 도서관 학자이다. Otis Robinson은 Green의 주장에 적극적으로 동조하였다.

20 Big6 모형은 정보문제 해결을 위한 처리과정 모형으로서 실제 학습상황에서 학생들의 연령에 따라 정보활용능력을 가르치는 방법이다. 기본적인 프레임웍은 6단계로 나누어져 있으며, 각 단계에는 2개씩의 하위 단계가 있다.
※ Big6 Skills 모델의 기본 6단계
  ㉠ 과제 정의
  ㉡ 정보검색 전략
  ㉢ 소재 파악과 접근
  ㉣ 정보활용
  ㉤ 통합정리
  ㉥ 평가

정답 및 해설 17.① 18.② 19.① 20.③

1 참고정보서비스에서 행하는 간접서비스 기능에 해당하지 않는 것은?

① 서지데이터베이스의 구비   ② 서지정보의 확인

③ 참고집서의 평가   ④ 자원파일의 구축

2 〈보기 1〉에 제시된 질문의 유형에 대한 설명으로 옳은 것을 〈보기 2〉에서 모두 고른 것은?

〈보기 1〉

법령을 찾습니까? 아니면 통계를 찾습니까?

〈보기 2〉

㉠ 참고면담 과정에서 가장 먼저 활용할 수 있는 질문의 유형이다.
㉡ 면담 초기에 정보요구 상황과 갭(gab), 질문 목적을 알아내려는 방법으로 활용된다.
㉢ 질문자가 제시한 것 외에 해답의 다른 선택이 없는 질문이다.
㉣ 특정한 주제나 자료에 대해서 명확하게 초점을 맞추는 경향이 있다.

---

① ㉠, ㉡   ② ㉡, ㉢

③ ㉢, ㉣   ④ ㉠, ㉡, ㉢

3 브레이빅(Breivik)의 정보 리터러시 우산(Information Literacy Umbrella)에 해당하지 않는 것은?

① 도서관 리터러시(Library Literacy)

② 컴퓨터 리터러시(Computer Literacy)

③ 네트워크 리터러시(Network Literacy)

④ 데이터 리터러시(Data Literacy)

---

1 참고정보서비스에서 행하는 간접서비스 기능으로는 ①③④ 이외에 참고사서의 연수, 평가 등이 있다.
② 서지정보의 확인은 직접서비스 기능에 해당한다.

2 〈보기 1〉의 질문은 법령 또는 통계로 대답이 정해져 있는 질문으로 폐쇄형 질문에 해당한다. 폐쇄형 질문은 특정한 주제나 자료에 대해서 명확하게 초점을 맞추는 경향이 있다.
㉠ 개방형 질문 ㉡ 중립형 질문

3 브이레빅은 정보 리터러시에 대하여 우산을 예시로 설명하였다. 우산 손잡이에 해당하는 basic literacy를 통해 우산살(computer, library, media, network, visual literacy)이 완성되면 비로소 정보 리터러시가 획득된다고 보았다. 즉, 정보 리터러시를 손잡이와 우산살을 모두 포함하는 포괄적 개념으로 정의하였다.

정답 및 해설 1.② 2.③ 3.④

4 엘리스(Ellis)의 정보탐색 모형에서 정보행위가 일어나는 순서대로 가장 바르게 나열한 것은?

① 시작-브라우징-추출-검증-차별화-종결
② 시작-연결-차별화-추출-검증-종결
③ 시작-브라우징-차별화-검증-추출-종결
④ 시작-연결-추출-차별화-검증-종결

5 협력형 디지털 참고 봉사 서비스의 모델인 'Question Point'에 대한 설명으로 가장 옳지 않은 것은?

① LC와 OCLC가 함께 개발한 글로벌 협력형 디지털참고정보서비스의 대표적인 예이다.
② 최소의 비용으로 24시간, 7일 동안 지속적으로 서비스를 제공할 수 있다.
③ 국제 협력을 통하여 대내외적으로 조직 및 기관 위상을 정립할 수 있다.
④ 수서업무 프로세스 개선과 자료구입 예산 집행의 효율성이 향상된다.

6 학술 데이터베이스와 주제 분야를 짝지은 것으로 옳은 것은?

① MLA International Bibliography-법률 분야
② ABI/INFORM Complete -경제 · 경영 분야
③ PAIS International -화학 분야
④ WestLaw-문학 분야

7 〈보기〉는 자동색인의 색인어 추출과 선정 과정을 나타낸 것이다. 과정에 대한 설명으로 가장 옳지 않은 것은?

① (가) : 문장 단위의 용어 추출 기법
② (나) : 불용어 제거
③ (다) : 통계적 기법과 비통계적 기법으로 선정
④ (라) : 색인어 리스트

---

4 엘리스는 정보의 수집과 접근과정에서 나타날 수 있는 핵심적인 행위를 8가지 범주로 설명하였다.
　㉠ **시작**(starting) : 정보추구를 시작하려고 이용자가 채택한 수단
　㉡ **연결**(chaining) : 이미 알고 있는 자료의 각주와 인용색인을 확인하거나, 인용색인을 통해 알고 있는 자료부터 시작하여 계속 찾아서 연결
　㉢ **브라우징**(browsing) : 반지시적 또는 반조직적 탐색
　㉣ **차별화**(differentiating) : 입수한 정보 양을 여과하기 위한 방법으로 정보원에서 이미 알고 있는 차이점을 이용
　㉤ **모니터**(monitoring) : 지속적 갱신 또는 현황주지 탐색
　㉥ **추출**(extracting) : 정보원에서 적합한 자료를 선별적으로 식별
　㉦ **검증**(verifying) : 정보의 정확성 조사
　㉧ **종결**(ending) : 최종 탐색을 통한 마무리

5 ④ 도서관의 네트워크 기능에 대한 설명이다.

6 ① MLA International Bibliography - 어문학 분야
　③ PAIS International - 사회과학 분야
　④ WestLaw - 법률 분야

7 ① (가) : 어절 단위의 용어 추출 기법

정답 및 해설 4.② 5.④ 6.② 7.①

8 〈보기〉는 색인작업 시 미리 조합하여 만들어 놓은 색인어를 이용하여 정보를 검색하는 방법 가운데 하나를 설명한 글이다. ㉠에 가장 알맞은 단어는?

〈보기〉

(㉠)은/는 문헌들의 주제를 그 기본적인 범주 마다에 몇 개의 구성요소로 분석 후, 일정한 공식으로 범주를 합성하여 그 주제를 표현한 방법이다.

① 용어열 색인   ② 유니텀 색인
③ 주제명 색인   ④ 패싯분류

9 인용색인은 정보자료에 수록되어 있는 인용된 자료와 인용한 자료를 체계적으로 편성한 색인이다. 이에 대한 설명으로 가장 옳지 않은 것은?

① 인용된 문헌과 인용한 문헌들은 지적인 상관관계가 있다고 할 수 있다.
② 색인작성 과정에 색인자의 개입이 불필요하다.
③ 해외의 대표적인 인용색인 서비스인 SCOPUS는 Social Sciences Citation Index와 Science Citation Index를 제공한다.
④ 국내에서는 한국연구재단이 운영하는 Korea Citation Index 등이 있다.

10 정보검색 모형 중 질의와 문헌의 매칭 원리가 가장 다른 하나는?

① 불리언 모형
② 잠재의미색인 모형
③ 신경망 모형
④ 추론망 모형

11 학술지 『A』에는 2014년에 10편, 2015년에 10편, 2016년에 20편의 논문이 수록되어 있다. 그리고 2016년 한 해 동안 전 주제 분야에서 학술지 『A』의 2014년 발행된 논문을 30회, 2015년 발행된 논문을 30회, 2016년 발행된 논문을 40회 인용하였다. 학술지 『A』의 2016년 기준 영향력 지수(Impact Factor)는?

① 1.5   ② 2

③ 2.5   ④ 3

12 정보자료는 가공 여부에 따라 1차자료와 2차자료로 구분할 수 있다. 2차자료에 해당하는 것을 〈보기〉에서 모두 고른 것은?

〈보기〉
㉠ 학술잡지   ㉡ 연감 ㉢ 서지   ㉣ 백과사전

① ㉠, ㉡   ② ㉠, ㉢

③ ㉠, ㉡, ㉢   ④ ㉡, ㉢, ㉣

---

8 제시된 내용은 패싯분류에 대한 설명이다.

9 ③ Social Sciences Citation Index와 Science Citation Index를 제공하는 것은 Web of Science이다. Web of Science는 과학기술, 사회과학, 인문학 및 예술 영역의 핵심적인 학술저널을 대상으로 한 인용 색인을 포함한다. SCOPUS는 과학기술, 의학, 생명과학, 사회과학 분야 학술지 초록 및 인용DB이다.

10 ①은 용어 매칭, ②③④는 유사도 매칭 원리이다.

11 $\text{KCI 영향력 지수} = \dfrac{\text{학술지의 논문이 인용된 총 횟수}}{\text{학술지에 수록된 논문의 수}}$

2016년 기준 영향력 지수이므로 2016년을 제외한 2014~2015년 수치를 기준으로 계산하면

$\dfrac{\text{2014년 30회} + \text{2015년 30회}}{\text{2014년 10편} + \text{2015년 10편}} = \dfrac{60}{20} = 3$

12 ㉠ 학술지, 신문, 잡지 등의 연속간행물은 1차자료에 해당한다.

정답 및 해설 8.④ 9.③ 10.① 11.④ 12.④

13 〈보기〉에서 설명하는 자료유형의 영문 명칭은?

> 〈보기〉
> • 학술잡지에 투고하기 위해 쓴 원고로 투고 전에 혹은 투고 후에 연구기관이나 연구자에게 비공식적으로 배포되는 자료
> • 다른 연구자에게 피드백을 얻는 것과 선취권의 확보, 신속한 전달 등의 목적을 가짐

① Patent
② Preprint
③ White paper
④ Proceedings

14 MODS(Metadata Object Description Schema)의 장점으로 가장 옳지 않은 것은?

① 데이터요소가 더블린코어보다 풍부하다.
② 디지털자원의 여러 측면에 대한 데이터 표현이 가능하다.
③ MARC21레코드를 MODS로 변환하고 이 데이터를 다시 MARC로 완벽하게 변환 가능하다.
④ 다양한 장르의 디지털자원에 대한 서지정보 기술이 가능하다.

15 〈보기〉가 설명하고 있는 용어로 가장 적합한 것은?

> 〈보기〉
> • 누구나 자유롭게 사용하고 재사용하고 재배포할 수 있는 데이터
> • 사람의 이해와 활용을 전제한 문서 중심의 웹을 기계 또한 사람처럼 이해하고 자동으로 처리할 수 있도록 데이터 중심의 웹으로 구축하는 것

① LOD
② MOOC
③ Open API
④ Virtual International Authority File

16 참고사서의 '학자로서의 자질'을 강조함으로써 사서의 전문성을 재정의한 사람은?

① Jesse Shera

② William A. Katz

③ James I. Wyer

④ Armstrong

13 〈보기〉는 출판 전 배포기사인 'Preprint'에 대한 설명이다.
① 특허문헌 ③ 백서 ④ 회의록

14 ③ MARC레코드와 상호호환이 가능하지만 완벽하게 변환이 가능한 것은 아니다.

15 제시된 내용은 링크드오픈데이터(Linked Open Data)에 대한 설명이다. LOD는 '링크드데이터(Linked Data)'와 '오픈데이터(Open Data)' 성격을 모두 갖는 데이터로, 링크드데이터 구축 원칙에 맞게 만든 개방형데이터라고 할 수 있다.

16 Jesse Shera는 참고사서에 대해 이용자와 동등한 입장에서 대화할 수 있도록 지적깊이와 창조력을 갖춘 학자일 것을 강조하며 사서의 전문성을 재정의하였다.

17 브라우징(Browsing) 검색의 특징에 대한 〈보기〉의 설명 중 옳은 것을 모두 고르면?

〈보기〉

㉠ 예상치 못한 가치 있는 정보를 우연히 발견하기에 유리하다.
㉡ 이용자는 브라우징을 위해 특별한 검색 기법을 습득할 필요가 없다.
㉢ 정보검색시스템이 제공하는 정보의 개요를 파악하는 데 적합하다.
㉣ 정보검색 요구를 특정한 용어로 표현할 수 있을 때 적합하다.

① ㉠, ㉡
② ㉡, ㉢
③ ㉢, ㉣
④ ㉠, ㉡, ㉢

18 〈보기〉가 설명하고 있는 학술지 평가지수는?

〈보기〉

• Google에서 사용하는 PageRank 알고리즘을 사용하여 분석한다.
• 동일한 1회의 인용이라 하더라도 학술지의 명성에 따라 영향력을 달리 계산한다.
• 지난 3년간의 데이터를 분석한다.
• 특히 국가별 자료를 제공한다.
• SCI에 등재되지 않은 Open Access 학술지의 평가에 유용하다.

① Impact Factor
② Journal Cited Half-Life
③ SJR Indicator
④ Article Influence Score

19 〈보기〉에서 설명하는 디지털 장서관리 방법은?

〈보기〉

장서에 포함되는 자원의 범위, 접근방식, 개발전략, 보존처리 등의 영역에 대해 수준별로 현재 장서의 현황을 기술하거나 장서를 평가할 수 있도록 하는 방법

① 컨스펙터스(Conspectus)
② 서지기술법(Bibliographic Description)
③ 판도라(PANDORA)
④ 디콜렉션(dCollection)

20 대상 객체가 지니고 있는 여러 자질을 이용하여 유사성 등을 계산하고 유사성 거리가 가까운 객체들끼리 그룹이 되는 군집화 과정에서 사용되는 측정 도구에 대한 설명으로 가장 올바르게 연결된 것은?

① 거리계수 : 두 대상의 속성이 일치하는 정도를 측정하는 방법
② 상관계수 : 두 대상을 표현하는 분류자질들의 벡터 쌍에 대한 독립성을 측정하는 방법
③ 연관계수 : 두 사건 확률변수 간의 의존적인 관계를 수량화하여 나타내는 방법
④ 확률적 유사계수 : 벡터 공간상 대상 간의 상이성을 측정하는 방법

---

17 ㉣ 탐색에 대한 설명이다.

18 'SJR Indicator'는 스페인 Consejo Superior de Investigaciones Cintificas의 Felix de Moya 교수에 의해 개발된 것으로, '모든 인용은 동등하지 않다.'는 전제를 기반으로 둔 학술지의 영향력 지수이다. Google의 PageRank 알고리즘을 사용하며, SCI에 등재되지 않은 Open Access 학술지의 평가에 유용하다.
 ① JCR에서 사용하고 있는 'Impact Factor'는 최근 2년간 학술지에 수록된 논문의 인용 수를 최근 2년간의 논문 편수로 나눈 값을 말한다.
 ② 'Journal Cited Half-Life'는 가장 최근 연도로부터 과거로 소급하여 인용문헌의 누적 합계가 전체 인용비율의 50%가 되는 시점을 나타낸다.
 ④ 'Article Influence Score'는 한 저널이 출판된 후 5년 동안 개개 논문들의 상대적인 영향력 값의 평균을 말하며, 전체 논문의 평균값은 1.00으로 나타낸다.

19 컨스펙터스(Conspectus) … 도서관 장서를 개발하기 위해 장서에 관한 정보를 수집, 기록, 제공하는 장서기술 방법인 동시에 이를 기반으로 장서를 평가할 수 있는 평가도구이다. 컨스펙터스의 사전적 의미는 '일반적이고 포괄적인 개설, 개요, 요약으로 문헌정보학에서는 주로 '장서에 관한 개요, 요약으로 정의하고 있다. 즉 도서관 장서를 주류, 강목, 요목별로 구분하고, 각 주제별로 장서에 대한 개요나 요약을 제시한 것이다. 장서에 대한 개요나 요약이란 컨스펙터스주제번호별로 장서의 현재장서수준, 수집의지수준, 목표장서수준을 표준화된 장서 수준기호로 명시하는 것을 의미한다. 장서수준기호로는 등간척도로 구성된 0에서 5까지의 기호가 사용된다.

20 ① 연관계수에 대한 설명이다.
 ③ 확률적 유사계수에 대한 설명이다.
 ④ 거리계수에 대한 설명이다.

1 정보서비스 이론(또는 철학)에 대한 설명으로 옳은 것만을 모두 고르면?

> ㉠ 교육이론은 이용자교육에 기반을 두고 있으며, 보수적 이론 또는 최소 이론이라고도 한다.
>
> ㉡ 자유이론은 이용자의 모든 요구를 만족시키는 것을 전제로 하며, 진보적 이론 또는 최대 이론이라고도 한다.
>
> ㉢ 중도(중용)이론은 과도기적 이론으로 사서는 이용자가 정보를 찾도록 돕지만, 그 결과까지 책임질 필요가 없다는 것이다.

① ㉠
② ㉠, ㉡
③ ㉡, ㉢
④ ㉠, ㉡, ㉢

2 전자우편을 활용한 디지털 참고정보서비스에 대한 설명으로 옳지 않은 것은?

① 시간과 공간의 제약 없이 커뮤니케이션을 할 수 있다.
② 동시성으로 인해 즉시 답변을 해야 한다.
③ 비언어적 의사소통 수단의 이용이 어렵다.
④ 사서와 이용자 간 상호작용의 내용을 기록보존할 수 있다.

3 델로스 선언(The DELOS Manifesto)에서 제시한 디지털도서관 운영체제를 구성하는 여섯 가지 개념에 해당하지 않는 것은?

① 개방(openness)
② 이용자(user)
③ 품질(quality)
④ 정책(policy)

4 다음 설명에 해당하는 온톨로지 언어(ontology language)의 구성요소는?

> • 개념이나 개체의 특정한 성질 및 성향
> • (예시) "홍길동은 <u>키가 175 cm, 나이는 25세이다.</u>"에서 밑줄을 표현하기 위한 적절한 구성
>   요소

① 클래스(class)　　　　　　　　　② 인스턴스(instance)

③ 관계(relation)　　　　　　　　　④ 속성(property)

---

1 ㉠, ㉡, ㉢ 모두 옳은 설명이다.
㉢에서 중도이론은 결과까지 책임질 의무는 없으며, 결과에 대한 평가와 책임까지 담당하는 것은 진보이론에
해당한다.

2 ② 전자우편은 비동시성을 가진다.

3 델로스 선언에서 제시한 디지털도서관 운영체제를 구성하는 여섯 가지 개념
　㉠ 콘텐트(Content) : 디지털도서관을 구성하는 정보객체
　㉡ 이용자(User) : 디지털도서관과 상호작용하는 다양한 행위자
　㉢ 기능(Functionality) : 디지털도서관이 제공하는 다양한 서비스
　㉣ 품질(Quality) : 디지털도서관을 평가하는 기준
　㉤ 정책(Policy) : 디지털도서관과 이용자들 간의 상호작용을 통제하는 규정
　㉥ 아키텍처(Architecture) : 디지털도서관의 시스템

4 온톨로지 언어의 구성요소
　㉠ 클래스(class) : 일반적으로 우리가 사물이나 개념 등에 붙이는 이름
　㉡ 인스턴스(instance) : 개념의 구체물이나 사건 등의 실질적인 형태
　㉢ 관계(relation) : 클래스, 인스턴스 간에 존재하는 관계
　㉣ 속성(property) : 클래스나 인스턴스의 특정한 성질 및 성향

정답 및 해설 1.④　2.②　3.①　4.④

5 정보서비스 제공기관과 해당 정보서비스를 바르게 연결한 것은?

정보서비스 제공기관	정보서비스
㉠ Clarivate Analytics(이전 Thomson Reuters)	A. PQDT
㉡ Elsevier	B. NDSL
㉢ ProQuest	C. Web of Science
㉣ KERIS	D. ScienceDirect
㉤ KISTI	E. RISS

① ㉠ - D, ㉡ - C, ㉢ - A
② ㉠ - C, ㉣ - B, ㉤ - A
③ ㉡ - C, ㉢ - A, ㉣ - D
④ ㉢ - A, ㉣ - E, ㉤ - B

6 다음 내용이 설명하는 자동색인 작성 기법은?

〈작업 전〉 〈작업 후〉
connect, connected, connecting → connect
engineer, engineering, engineered → engineer

① 어근 처리(stemming)
② 불용어(stop words) 제거
③ 가중치(weighting) 부여
④ N-그램(N-gram)

7 LibQUAL+에 대한 설명으로 옳지 않은 것은?

① SERVQUAL 모형을 도서관 환경에 맞게 수정하여 만든 모형이다.
② 도서관 서비스 품질에 대한 이용자의 최저(minimum), 인식(perceived), 기대(desired) 서비스 수준을 조사하여 평가한다.
③ 인식(perceived) 서비스 수준은 도서관이 현재 제공하는 서비스 수준을 나타낸다.
④ 특정 서비스에 대한 이용자의 인식 이유를 설명할 수 있는 모형이다.

8 장애인 참고정보서비스에 대한 설명으로 옳지 않은 것은?

① 이동장애인에 대한 참고정보서비스를 위해서는 장애 상태 정보, 현행 법률, 의학 정보 등이 필요하다.

② 청각장애인에 대한 참고정보서비스를 위해서는 참고사서의 감성과 기술이 필요하다.

③ 시각장애인을 위한 특수자료에는 점자도서, 수화·자막영상물 등이 있다.

④ 발달장애인을 위한 자료에는 큰 활자, 간단한 내용, 그리고 혼란스럽지 않은 그림이 포함되는 것이 바람직하다.

---

5 ㉠ Clarivate Analytics — C. Web of Science

㉡ Elsevier — D. ScienceDirect

㉢ ProQuest — A. PQDT

㉣ KERIS — E. RISS

㉤ KISTI — B. NDSL

6 제시된 내용은 단어의 어근을 기준으로 색인을 작성하는 어근 처리(stemming)에 해당한다.

7 LibQUAL+는 웹 기반 이용자 조사를 통해 도서관 서비스 품질에 대한 이용자의 인식을 측정하는 것이 목적이다.
④ LibQUAL+는 특정 서비스에 대한 이용자의 인식 이유를 설명할 수 없다는 단점이 있다.

8 ③ 수화·자막영상물은 청각장애인을 위한 특수자료이다.

정답 및 해설 5.④ 6.① 7.④ 8.③

9 다음 시소러스 사례에서 ㉠~㉣에 들어갈 용어 간 관계기호를 바르게 연결한 것은?

경제사회이사회			국제연합	
BT	국제연합		(㉠)	UN
			(㉡)	국제연합해상물건운송협약
국제기구			(㉢)	경제사회이사회
UF	국제기관		(㉣)	국제기구
	국제단체			
	국제조직		국제연합해상물건운송협약	
NT	국제노동기구		RT	국제연합
	국제연합			해상물건운송
			UN	
			USE	국제연합

	㉠	㉡	㉢	㉣
①	UF	RT	BT	NT
②	USE	BT	NT	RT
③	UF	RT	NT	BT
④	USE	RT	NT	BT

10 청소년을 위한 참고정보서비스에 대한 설명으로 옳지 않은 것은?

① 패스파인더(pathfinder)는 부끄러워서 도움을 요청할 수 없거나, 독자적으로 작업하는 것을 선호하는 청소년들에게 효과적이다.

② 청소년은 어린이 자료뿐만 아니라 성인 대상 자료에 대한 접근도 필요하다.

③ 청소년은 공공도서관과 학교도서관의 서비스를 받으며, 경우에 따라 대학도서관의 서비스도 받는다.

④ 청소년은 자료의 이용을 도와주는 부모 또는 기타 어른에 대한 의존도가 매우 높다.

11 전 세계에서 출판되는 정기·비정기 연속간행물의 서지정보를 알 수 있는 참고정보원은?

① Books in Print
② Ulrich's
③ Infoplease
④ NTIS

12 정보리터러시 교육에 대한 설명으로 옳지 않은 것은?

① 사서가 무엇을 어떻게 가르치는지에 초점을 둔다.
② 평생학습자로서의 기반지식을 습득한 정보지식인을 양성하기 위한 것이다.
③ 이용자 스스로 정보가 필요한 시점을 인식하도록 하는 교육이 중요하다.
④ 이용자가 정보를 통해 스스로 학습하는 능력을 기르는 것을 추구한다.

---

9 ㉠ UF(Use For) : 다음에 오는 용어가 비우선어임을 지시(역참조) ↔ USE
  ㉡ RT(Related Term) : 관계어
  ㉢ NT(Narrow Term) : 하위어
  ㉣ BT(Broader Term) : 상위어

10 ④ 청소년은 자료의 이용을 도와주는 부모 또는 기타 어른에 대한 의존도가 낮다.

11 ② Ulrich's는 전 세계에서 출판되는 정기, 비정기 간행물에 대해 주제별로 구분하고 서명색인 및 출판사 정보를 제공하고 있는 참고정보원이다.
  ① Books in Print : 단행본과 전집 대상의 상업 서지 정보
  ③ Infoplease : 이용자들이 직접 탐색할 수 있도록 하는 참고정보원(역사적 사실, 사전, 백과사전, 인명사전, 스포츠, 세계정보, 비즈니스 등)
  ④ NTIS(National Science&Technology Information Service) : 국가과학기술지식정보서비스

12 정보리터러시 … 정보의 필요성을 인식하고, 유용한 정보원을 탐색하고, 정보에 접근하고, 비판적으로 판단하며, 필요한 정보를 이용해 문제 해결을 수행할 수 있는 광범위한 능력
  ① 정보리터러시 교육은 이용자에 초점을 둔다.

정답 및 해설 9.③ 10.④ 11.② 12.①

13 RFID 기술에 대한 설명으로 옳지 않은 것은?

① 무선주파수를 활용한 자동인식 기술로 도서관의 장서관리, 대출·반납 등 다양한 서비스에 활용되고 있다.

② 복수의 RFID 태그를 일괄 인식하고 동시에 처리할 수 있다.

③ 메모리를 탑재하고 있어 데이터를 영구히 저장할 수 있지만 한번 저장한 정보는 추가 또는 수정이 불가능하다.

④ 리더(reader)는 태그에서 발생하는 신호정보를 생성 및 해독하는 도구로 이동식과 고정식이 있다.

14 인접검색(proximity searching)에 대한 설명으로 옳지 않은 것은?

① 용어의 일부분을 생략하고 나머지 부분만을 검색어로 사용하는 방법이다.

② 두 용어의 인접 정도와 순서 적용 여부를 선택할 수 있다.

③ 특정한 단어구를 포함한 문헌을 찾는 경우에도 유용하다.

④ 검색의 정확률을 높이는 효과가 있다.

15 다음 도구를 활용하기에 적절한 이용자교육 설계 단계는?

> • 여섯 가지 수준의 인지적 영역으로 학습의 계층적 조직을 제공하는 블룸(Benjamin Bloom)의 택소노미
> • 심리·운동적 영역을 상세히 분류한 심슨(Elizabeth Simpson)의 택소노미
> • 중요성 인식 및 태도 형성과 관련된 정의적 영역을 구분한 크래스홀(David Krathwohl)의 택소노미

① 요구 평가

② 목표 설정

③ 교수 자료 개발

④ 결과 평가

16 다음 단어가중기법에 대한 설명으로 옳은 것은?

> 단어빈도(term frequency) × 역문헌빈도(inverse document frequency)

① 특정한 문헌 내에 출현한 단어의 총 빈도에서 특정한 단어의 출현빈도를 고려한 상대빈도이다.

② 전체 문헌의 수에서 특정한 단어가 출현하는 문헌의 수를 활용하여 단어빈도의 상대적인 중요성을 고려한 기법이다.

③ 단순한 단어빈도에 의한 가중치 계산의 문제점을 보완하기 위해 문헌의 길이를 고려한 기법이다.

④ 특정한 문헌에서는 낮은 출현빈도를 가지지만 전체 문헌에서는 높은 빈도를 가지는 단어를 색인어로 선정하고자 하는 기법이다.

---

13 ③ RFID는 메모리를 탑재하고 있어 저장한 정보의 추가 또는 수정이 가능하다.

14 인접연산자 WITH에 대한 문제이다.
① 어휘절단 연산자에 대한 설명이다.

15 제시된 내용은 목표 설정 단계에서 활용이 가능하다.
- 블룸은 교육목표를 크게 인지적 영역, 정의적 영역, 심리·운동적 영역으로 구분하였으며, 인지적 영역을 다시 지식, 이해력, 적용력, 분석력, 종합력, 평가력의 여섯 가지 수준으로 구분하였다.
- 심슨은 블룸의 교육목표 중 심리·운동적 영역을 상세화하였다.
- 크래스홀은 정의적 영역을 중요성 인식 및 태도 형성과 관련하여 구분하였다.

16 문헌빈도를 바탕으로 한 역문헌빈도기법에 대한 문제이다.
- 전체 문헌의 수에서 특정한 단어가 출현하는 문헌의 수 → 문헌빈도
- 단어빈도의 상대적인 중요성 → 단어빈도

정답 및 해설 13.③ 14.① 15.② 16.②

17 도서관 이용자교육에 대한 설명으로 옳지 않은 것은?

① 서비스 현장교육(point-of-use instruction)은 참고사서가 이용자의 질문에 해답하는 과정에서 이용자의 요청에 의해 이루어지는 개별교육이다.

② 서지교육은 이용자가 연구 과제를 위해 전문적인 정보원에서 필요한 정보를 효과적으로 찾을 수 있도록 교육하는 것으로, '전문탐색지도'라고도 불린다.

③ 정보관리교육은 공공도서관에서 각종 문헌정보 탐색과 자료 정리 방법 등을 교육하는 것에서 시작되었다.

④ 도서관 오리엔테이션은 도서관 시설, 조직 및 서비스 등 도서관 시스템 전반을 간단히 소개하는 초급단계의 이용자 교육이다.

18 디지털 환경에서 저작권 보호와 관리를 위한 개념 및 방법만을 모두 고르면?

ㄱ Digital Watermarking
ㄴ Digital Fingerprinting
ㄷ Creative Commons License
ㄹ Migration

① ㄱ, ㄴ   ② ㄱ, ㄴ, ㄷ
③ ㄴ, ㄷ, ㄹ   ④ ㄱ, ㄴ, ㄷ, ㄹ

19 검색용 통제어휘에 대한 설명으로 옳지 않은 것은?

① 동일한 의미의 용어들은 용어간의 관계를 미리 설정하여 사용한다.

② 시소러스, 주제명표 목표, 분류표 등을 사용하여 선정할 수 있다.

③ 검색어휘로 특별하게 정의된 용어이다.

④ 일상에서 사용하는 명사, 형용사, 동사, 부사 등을 모두 사용할 수 있다.

20 정보검색의 역사에서 ㉠~㉢에 들어갈 내용을 바르게 연결한 것은?

> • 1940년대 부쉬(Vannevar Bush)는 기계를 사용한 정보검색 시스템의 초기 원형이 되는 (㉠)(이)라 불리는 가상도구를 제안하였다.
> • 1950년대 토오브(Mortimer Taube)는 통제되지 않은 단일어를 사용하여 색인한 (㉡)시스템을 개발하였다.
> • 1970년대에는 배치(batch) 방식 시스템인 MEDLARS가 온라인 검색서비스인 (㉢)(으)로 변환되어 서비스되었다.

	㉠	㉡	㉢
①	MEMEX	Uniterm	MEDLINE
②	Uniterm	MEMEX	DIALOG
③	Zatocoding	Uniterm	MEDLINE
④	MEMEX	Zatocoding	DIALOG

---

17 ③ 정보관리교육은 이용자들이 정보를 확인·검색하고 평가하여 이를 이용할 수 있도록 교육하는 것으로, 1980년대에 의학도서관에서 의사들에게 의학정보를 탐색하는 방법과 수집된 자료를 관리하는 방법을 가르친 것에서 시작되었다.

18 ㉠ Digital Watermarking : 콘텐츠 내부에 소유권자나 판매권자의 정보가 삽입
㉡ Digital Fingerprinting : 콘텐츠 내부에 구매자의 정보가 삽입(불법 복사 및 배포 방지)
㉢ Creative Commons License(CCL) : 저작물 이용 허락 라이선스
※ Migration(마이그레이션) … IFLA의 「디지털 정보보존 보고서」에서는 Migration을 '하나의 하드웨어/소프트웨어 환경으로부터 다른 것으로, 혹은 하나의 컴퓨터 기술로부터 이어지는 기술로 주기적으로 이전하는 것'으로 정의한다.

19 ④ 자연어에 대한 설명이다. 검색용 통제어휘에서는 형용사, 동사, 부사 등의 사용이 제한된다.

20 ㉠ MEMEX, ㉡ Uniterm, ㉢ MEDLINE에 대한 설명이다.

정답 및 해설 17.③ 18.② 19.④ 20.①

1 다음 설명에 해당하는 정보서비스는?

> • 참고서비스의 원형이라고 말할 수 있으며 참고서비스의 출발과 함께 성장해 왔다.
> • 이용자의 과거 독서 선호도에 기초하여 특정 도서나 작가를 추천하거나 추천리스트를 제공해 주는 서비스이다.

① 최신정보주지 서비스   ② 독서치료

③ 연구협조와 자문   ④ 독자상담서비스

2 이용자와의 참고면담 과정에서 사서가 행한 행위로 옳은 것만을 모두 고르면?

> ㉠ 사서는 이용자의 관점에서 질문을 이해하기 위해 중립적 질문을 하였다.
> ㉡ 소급 정보를 요구하는 이용자에게 2차 자료를 제시하였다.
> ㉢ 탐색의 범위를 넓히기 위하여 점진분할전략을 채택하였다.
> ㉣ 정확률을 높이기 위하여 절단 검색을 실시하였다.

① ㉠, ㉡   ② ㉠, ㉣

③ ㉡, ㉢   ④ ㉢, ㉣

3 도서관 이용자 교육의 적합한 평가방법과 그에 따른 수행 내용으로 옳지 않게 짝지은 것은?

① 관찰법 – 도서관 이용 행태와 정보 탐색 행태를 관찰하였다.

② 면접법 – 학습자, 교수, 사서의 견해를 구했다.

③ 설문조사법 – 조사할 사항을 문항별로 작성하여 학습자의 의견을 쓰게 하였다.

④ 다면평가법 – 표준화된 정보리터러시 평가 도구 SAILS로 성과를 측정하였다.

4 사회과학 분야와 법학 분야 정보원으로 옳게 짝지은 것은?

㉠ IEEE Xplore	㉡ AGRICOLA
㉢ PAIS International	㉣ LEXIS

① ㉠, ㉡

② ㉠, ㉣

③ ㉡, ㉢

④ ㉢, ㉣

5 도서관 이용자 교육에 대한 설명으로 옳지 않은 것은?

① 견학은 도서관에 대한 세부적인 설명이 가능하여 이용자의 이해를 증진시킨다.

② 컴퓨터 보조 교육은 학습자의 필요에 따라 교육의 진도를 자유롭게 조절할 수 있다.

③ 정보리터러시 교육은 사서가 무엇을 가르치는지 보다는 이용자가 무엇을 배우는지에 초점을 둔다.

④ 참고면담을 통한 일대일 교육은 이용자의 문제해결에 필요한 교육을 적시에 제공할 수 있다.

---

1 참고서비스의 원형은 독자 상담을 바탕으로 하는 독자상담서비스이다. 독자상담서비스는 이용자의 고거 독서 선호도에 기초하여 그에 맞는 특정 도서나 작가를 추천하거나 추천리스트를 제공해 주는 서비스이다.

2 ㉢ 점진분할전략은 탐색 질문 주제 중에서 가장 광범위한 일반적인 개념을 검색하여 얻은 결과에 다른 필요한 개념들을 결합하여 탐색의 폭을 좁혀나가는 방법이다. 즉, 탐색의 범위를 좁혀야 할 때 채택하는 전략이다.
㉣ 정확률을 높이기 위해서는 검색식에 입력된 문자열과 정확히 일치하는 단어를 찾아내는 완전 검색을 실시해야 한다.

3 도서관 이용자 교육의 평가방법으로는 관찰법, 면접법, 설문조사법이 있다. 다면평가란 단일의 대상에 대해 다양한 원천으로부터 정보를 수집하고 결과를 결합하여 평가하는 것을 말한다.

4 ㉠ IEEE(Institute of Electrical and Electronics Engineers) Xplore 전기전자공학 분야
㉡ AGRICOLA 농업 분야
㉢ PAIS International 사회과학 분야
㉣ LEXIS 법학 분야

5 ① 견학은 도서관에 대한 세부적인 설명이 불가능하여 이용자에게 도서관에 대한 잘못된 인식을 심어줄 우려가 있다.

정답 및 해설 1.④ 2.① 3.④ 4.④ 5.①

6 도서관 이용자 교육의 방법 중 하나인 강의 방식에서 직접 교수법에 대한 설명으로 옳지 않은 것은?

① 학습자가 수업을 주관한다.
② 수업 규모가 클 경우 학습자와 교육자 간에 피드백이 어렵다.
③ 짧은 시간에 많은 정보를 전달할 수 있는 이점이 있다.
④ 배운 지식을 직접 적용해 볼 실습 기회가 적은 단점이 있다.

7 밑줄 친 내용과 같은 정보안내서비스에 해당하지 않는 것은?

> ○○시 발표에 따르면 청년 인구 비율이 전국 1위인 △△구에는 지상 4층 규모의 '창업·비즈니스 도서관'이 건립된다. 구 관계자는 "책을 읽고 공부하는 도서관 본연의 목적을 넘어 향후 <u>청년의 취업 및 창업을 돕는 무료상담과 직업정보 등을 제공하는</u> 복합 문화 시설로서의 역할도 기대된다."라고 밝혔다.

① 일상생활과 관련된 정보를 중심으로 서비스를 제공한다.
② 책자형 참고자료를 활용하여 전문 학술정보 서비스를 제공한다.
③ 지역사회 이용자의 정보요구를 파악하여 능동적인 서비스를 제공한다.
④ 지역사회 정보서비스의 일환으로 지역사회와 도서관을 연결하는 서비스를 제공한다.

8 도서관 이용자의 질문 유형과 해당하는 참고정보원으로 옳게 짝지은 것만을 모두 고르면?

> ㉠ 인물 및 전기에 관한 질문 – 알마넥(Almanac)
> ㉡ 지리 정보에 관한 질문 – 여행안내서
> ㉢ 언어에 관한 질문 – 정기간행물 데이터베이스
> ㉣ 주제의 일반적 개념이나 사건 배경에 관한 질문 – 백과사전

① ㉠, ㉢
② ㉠, ㉣
③ ㉡, ㉢
④ ㉡, ㉣

9 다음 정보서비스의 평가 방법에 대한 설명으로 옳은 것은?

> - 질적 연구 방법의 하나이다.
> - 특정한 주제와 관련 있는 선택된 소규모 그룹을 대상으로 진행된다.
> - 규제나 감독 없이 자유로운 분위기에서 토의하는 방법이다.

① 지역분석법(CIPP)
② 사례조사법(Case Study)
③ 표적 집단 면담(Focus Group Interview)
④ 비밀조사법(Unobtrusive Observation)

---

6 ① 직접 교수법은 교수자가 수업을 주관한다. 학습자가 수업을 주관하는 것은 간접 교수법에 대한 설명이다.

7 ② 밑줄 친 '청년의 취업 및 창업을 돕는 무료상담과 직업정보 등을 제공'하는 것은 비책자형 참고자료를 활용하여 일상생활과 관련된 정보를 중심으로 서비스를 제공하는 것이다.

8 ㉠ Almanac, Yearbook, Annual 등은 1년간의 추이를 중심으로 발생한 각종 사건을 기록·해설하는 연속간행물 즉, 연감으로 특정 주제 분야의 현황과 추이, 전망 또는 단체, 기관 등의 동향을 포착할 때 유용하게 사용할 수 있다.
ㄹ 언어에 관한 질문 유형에 활용할 수 있는 참고정보원으로는 어학사전 등이 있다.

9 제시된 내용은 표적 집단 면담에 대한 설명이다. 표적 집단 면담은 특정한 주제와 관련 있는 선택된 소규모 그룹, 즉 표적 집단을 대상으로 규제나 감독 없이 자유로운 분위기에서 토의를 진행한다.

정답 및 해설 6.① 7.② 8.④ 9.③

10 다음은 미국도서관협회(ALA)가 발표한 '정보서비스 제공자의 행동 지침'에서 제시한 참고면담의 단계이다. 이를 순서대로 바르게 나열한 것은?

> ㈎ 경청과 질문(Listening/Inquiring)
> ㈏ 탐색(Searching)
> ㈐ 흥미(Interest)
> ㈑ 접근용이성(Visibility/Approachability)
> ㈒ 후속 조치(Follow-up)

① ㈎ → ㈏ → ㈐ → ㈑ → ㈒
② ㈐ → ㈎ → ㈏ → ㈑ → ㈒
③ ㈑ → ㈎ → ㈐ → ㈏ → ㈒
④ ㈑ → ㈐ → ㈎ → ㈏ → ㈒

11 다음 후조합색인에 관한 설명으로 옳은 것만을 모두 고르면?

> ㉠ 문헌의 주제를 구성하는 각각의 개념마다 색인어를 부여한다.
> ㉡ 탐색자가 색인어를 조합하여 문헌을 검색할 수 있다.
> ㉢ 유니텀(Uniterm) 개념이 적용된 색인은 후조합색인에 해당한다.
> ㉣ 열거식 분류표에 제시된 분류기호는 후조합색인에 해당한다.

① ㉠, ㉡
③ ㉠, ㉡, ㉢
② ㉢, ㉣
④ ㉡, ㉢, ㉣

12 정보검색 방법에 대한 설명으로 옳은 것만을 모두 고르면?

> ㉠ 탐색은 알고 있는 특정한 정보 요구에 적합하다.
> ㉡ 브라우징은 시간 소모적이며 산만하여 이용자가 혼란스러울 수 있다.
> ㉢ 브라우징은 탐색에 비해 '우연한 발견'의 기회가 적다.
> ㉣ 브라우징은 탐색에 비해 이용자의 인지적 부하가 적다.

① ㉠, ㉡
② ㉠, ㉣
③ ㉡, ㉢
④ ㉢, ㉣

13 정보검색의 효율성 측정을 위한 척도 중에서 두개의 합이 1이 되는 것을 고르면?

① 재현율 + 배제율
② 정확률 + 잡음률
③ 재현율 + 부적합률
④ 정확률 + 누락률

---

10 ALA 참고면담 가이드라인 5단계
㉠ 접근용이성(Visibility/Approachability) : 참고사서가 이용자에게 도움을 주려고 함을 나타내야 함
㉡ 흥미(Interest) : 이용자가 찾아오면 이용자에게 집중하여 관심 있음을 보여줌
㉢ 경청과 질문(Listening/Inquiring) : 이용자의 말을 경청하고 이용자의 질문과 요청에 대하여 들은 내용을 다시 반복해서 재진술
㉣ 탐색(Searching) : 참고정보원 활용기술을 통해서 습득한 자료, 그 밖에 여러 가지 폭넓은 자료를 대상으로 탐색을 수행
㉤ 후속 조치(Follow-up) : 탐색결과, 관내에서 자료를 찾을 수 있다면 사서가 함께 자료가 있는 곳까지 가서 이용할 수 있도록 도와줌

11 ㉣ 열거식 분류표에 제시된 분류기호는 전조합색인에 해당한다.

12 ㉢ 브라우징은 탐색에 비해 '우연한 발견'의 기회가 많다.
㉣ 브라우징은 탐색에 비해 이용자의 인지적 부하가 많다.

13 ② 정확률은 검색된 모든 정보 중에서 적합 정보가 차지하는 비율이고, 잡음률은 검색된 모든 정보 중에서 부적합한 정보가 차지하는 비율이므로 그 합은 1이 된다.
※ 재현율은 시스템의 모든 적합 정보 중에서 검색된 적합 정보가 차지하는 비율로, 시스템의 모든 적합 정보 중에서 검색되지 않은 적합 정보의 비율인 누락률과의 합이 1이 된다.

정답 및 해설 10.④ 11.③ 12.① 13.②

14 인용색인에 대한 설명으로 옳지 않은 것은?

① 한 문헌의 인용사항을 색인표목으로 사용한다.

② 색인자의 주제 배경이 부족하여 생기는 문제를 해결하기 위하여 출현하게 되었다.

③ 연구 분야가 미성숙한 분야보다는 성숙한 분야일 때 효과적인 검색도구가 된다.

④ 자기인용(self-citation)은 인용색인 시스템의 잡음을 초래한다.

15 다음 문헌집단(D_1, D_2, D_3, D_4)에 나타난 용어들(t_2, t_2, t_3, t_3, t_5)의 단어빈도를 제시한 '문헌 −용어' 행렬에 대한 설명으로 옳지 않은 것은?

	t_1	t_2	t_3	t_4	t_5
D_1	0	2	2	2	2
D_2	2	2	1	3	2
D_3	3	2	0	2	1
D_4	1	0	3	0	2

① 문헌 D_1에는 용어 t_1이 한번도 출현하지 않는다.

② 용어 t_2의 장서빈도는 6이다.

③ 용어 t_3의 문헌빈도는 3이다.

④ 문헌 D_2에서 용어 t_4의 역문헌빈도는 3/5이다.

16 N-gram에 대한 설명으로 옳지 않은 것은?

① 어형이 다르더라도 동일한 색인어가 부여될 수 있도록 처리하는 방법이다.

② 음절 단위에 기반하여 색인어를 선정하며, N-gram은 인접한 N개의 음절을 말한다.

③ 퍼지 탐색을 구현하기 위한 특수기술이다.

④ 복합명사의 띄어쓰기에 관한 문제를 완화시킨다.

17 벡터공간 모형(vector space model)에 대한 설명으로 옳지 않은 것은?

① SMART 정보검색 시스템에서 적용되었다.

② 문헌 벡터와 질의 벡터 간의 유사도를 산출하여 검색한다.

③ 검색 시 용어 간에 존재하는 의미관계를 나타낼 수 있다.

④ 질의에 대해서 검색 결과를 순위화할 수 있다.

18 MODS(Metadata Object Description Schema)에 대한 설명으로 옳지 않은 것은?

① 언어 형식의 태그를 사용하지만 MARC21 포맷과 호환이 가능하다.

② 미국의 OCLC에서 발표하였으며 7개의 섹션으로 구성된다.

③ XML 스키마 기반의 인코딩 구조를 채택하고 있다.

④ 디지털도서관에서 범용 서지정보 표준 메타데이터로 사용할 수 있다.

---

14 ③ 인용색인은 연구 분야가 미성숙한 분야일 때 효과적인 검색도구가 된다.

15 ④ 역문헌빈도는 한 단어가 문헌집단 전체에서 얼마나 공통적으로 나타나는지를 나타내는 값이다. 특정 문헌 내에서 단어빈도가 높을수록, 그리고 문헌집단 중 그 단어를 포함한 문헌이 적을수록 역문헌빈도가 높아진다. 문헌 D_2에서 용어 t_4의 역문헌빈도는 3/3이다.
  ① 문헌 D_1에서 용어 t_1이 0이므로 한 번도 출현하지 않는다.
  ② 장서빈도는 해당 용어가 검색되어 나오는 결과의 건수이다. 따라서 t_2의 장서빈도는 2 + 2 + 2 = 6이다.
  ③ 문헌빈도는 해당 용어가 검색되어 나오는 문헌의 수이다. 따라서 t_3의 문헌빈도는 D_1, D_2, D_4에서 나오고 있으므로 3이다.

16 ① N-gram은 입력한 문자열을 n개의 기준 단위로 절단하여 분석하는 방법이다. 어형이 다르면 다른 색인어가 부여된다. 예를 들어 n = 2라고 할 때, 'man'은 'ma', 'an'이, 어형이 다른 'men'은 'me', 'en'로 처리된다.

17 ③ 벡터공간 모형은 검색 시 용어 간에 존재하는 의미관계를 나타낼 수 없다.

18 MODS(Metadata Object Description Schema)는 메타데이터 객체 기술 스키마로써, 디지털 자원에 특화된 표준 목록형식이다.
  ② 미국 의회도서관(LC)의 '네트워크 개발 및 MARC 표준 사무국(Network Development and MARC Standards Office)'에서 2002년에 개발하였고 지속적으로 개정하고 있다.

정답 및 해설 14.③ 15.④ 16.① 17.③ 18.②

19 디지털도서관에서 활용하는 표준 및 프로토콜에 대한 설명으로 옳지 않은 것은?

① Z39.50은 분산형 클라이언트/서버 환경에서 웹 기반 기술을 이용하여 정보검색을 지원하는 표준이다.

② Unicode는 전 세계의 문자를 코드 체계로 표현하여 동시에 사용할 수 있도록 만든 표준이다.

③ OAI-PMH는 수확검색(harvesting search) 방식의 통합검색을 지원하는 프로토콜이다.

④ HTTP는 요구(request)와 응답(response) 방식을 이용하여 하이퍼텍스트 문서를 교환하기 위해 사용하는 프로토콜이다.

20 다음은 OAIS 참조모델에서 정의한 정보 패키지(information package)의 처리과정이다. (가)~(다)에 들어갈 용어를 바르게 연결한 것은?

생산자가 OAIS에 제공하는 정보 패키지 형태를 [(가)]라 하며, 이 정보가 OAIS에서 관리될 때 [(나)] 형태로 유지되며, 소비자에게 배포될 때는 [(다)] 형태로 전달된다. 이 중에서 디지털 보존과 밀접한 관련이 있는 정보 패키지는 [(나)]이다.

	(가)	(나)	(다)
①	AIP	DIP	SIP
②	SIP	AIP	DIP
③	AIP	SIP	DIP
④	SIP	DIP	AIP

19 ① Z39.50은 웹 기반 기술 이전부터 이용하던 표준화된 정보검색 프로토콜이다.

20 OAIS 참조모델

19.① 20.②

당신의 꿈은 뭔가요?

MY BUCKET LIST !

꿈은 목표를 향해 가는 길에 필요한 휴식과 같아요.

여기에 당신의 소중한 위시리스트를 적어보세요. 하나하나 적다보면 어느새 기분도

좋아지고 다시 달리는 힘을 얻게 될 거예요.

- ☐ _____
- ☐ _____
- ☐ _____
- ☐ _____
- ☐ _____
- ☐ _____
- ☐ _____
- ☐ _____
- ☐ _____
- ☐ _____
- ☐ _____
- ☐ _____
- ☐ _____
- ☐ _____
- ☐ _____
- ☐ _____
- ☐ _____
- ☐ _____
- ☐ _____
- ☐ _____
- ☐ _____
- ☐ _____
- ☐ _____
- ☐ _____
- ☐ _____
- ☐ _____

- ☐ _____
- ☐ _____
- ☐ _____
- ☐ _____
- ☐ _____
- ☐ _____
- ☐ _____
- ☐ _____
- ☐ _____
- ☐ _____
- ☐ _____
- ☐ _____
- ☐ _____
- ☐ _____
- ☐ _____
- ☐ _____
- ☐ _____
- ☐ _____
- ☐ _____
- ☐ _____
- ☐ _____
- ☐ _____
- ☐ _____
- ☐ _____
- ☐ _____
- ☐ _____

창의적인 사람이 되기 위해서

정보가 넘치는 요즘, 모두들 창의적인 사람을 찾죠.
정보의 더미에서 평범한 것을 비범하게 만드는 마법의 손이 필요합니다.
어떻게 해야 마법의 손과 같은 '창의성'을 가질 수 있을까요. 여러분께만 알려 드릴게요!

01. 생각나는 모든 것을 적어 보세요.

아이디어는 단번에 솟아나는 것이 아니죠. 원하는 것이나, 새로 알게 된 레시피나, 뭐든 좋아요.

떠오르는 생각을 모두 적어 보세요.

02. '잘하고 싶어!'가 아니라 '잘하고 있다!'라고 생각하세요.

누구나 자신을 다그치곤 합니다. 잘해야 해. 잘하고 싶어.

그럴 때는 고개를 세 번 젓고 나서 외치세요. '나, 잘하고 있다!'

03. 새로운 것을 시도해 보세요.

신선한 아이디어는 새로운 곳에서 떠오르죠. 처음 가는 장소, 다양한 장르에 음악, 나와 다른 분야의 사람.

익숙하지 않은 신선한 것들을 찾아서 탐험해 보세요.

04. 남들에게 보여 주세요.

독특한 아이디어라도 혼자 가지고 있다면 키워 내기 어렵죠.

최대한 많은 사람들과 함께 정보를 나누며 아이디어를 발전시키세요.

05. 잠시만 쉬세요.

생각을 계속 하다보면 한쪽으로 치우치기 쉬워요. 25분 생각했다면 5분은 쉬어 주세요.

휴식도 창의성을 키워 주는 중요한 요소랍니다.